Michael Bengel
Tea time vor Land's End
Südenglische Erkundungen

Michael Bengel

Tea time vor Land's End

Südenglische Erkundungen

Picus Lesereisen

Picus Verlag Wien

Die Deutsche Bibliothek – CIP-Einheitsaufnahme

Bengel, Michael:
Tea time vor Land's End: südenglische Erkundungen /
Michael Bengel. – Wien: Picus Verl., 2000
(Picus Lesereisen)
ISBN 3-85452-732-2

Grafische Gestaltung: Dorothea Löcker, Wien
Umschlagabbildung: Wiltshire, England. © Pictor
Druck und Verarbeitung: Remaprint, Wien
ISBN 3-85452-732-2

Inhalt

Prolog: Murder on the Isle of Wight 9

Verstimmung, Nervenschwäche und schlechte Verdauung
Royal Tunbridge Wells und seine Pantiles 16

Wooden Walls vom Medway
Rochester und Chatham mit den Historic Dockyards 23

Der Held als Frau
Knole und andere Schlösser in Kent 28

Ein Raum für sie allein
Virginia Woolf und Monk's House in Rodmell 38

Ein Traum von Orient an Englands Küste
Brighton und sein Royal Pavilion 45

Auf den Walbuckeln grasen die Schafe
Sussex' Golden Triangle 54

Mit der Kamera bis in die Seele dringen
Dimbola Lodge auf der Isle of Wight 62

Die Queen mag keine Dino-Droppings
Saurier am Strand der Isle of Wight 69

»Rule, Britannia!«
Portsmouth' Historic Dockyard 74

Weidenkorb unterm Bärenfell
In den Somerset Levels 83

Ein Eremit, ein Otter und Regen den ganzen Tag
Wandern auf dem Tarka-Trail 91

Die Krähen fliegen rückwärts
Jamaica Inn im Bodmin Moor 101

»Forget about Land's End«
Wandern am Atlantik 109

Epilog: Der Club der guten Absicht
Englands National Trust 118

Nachsatz 131

Prolog: Murder on the Isle of Wight

Die junge Frau war üppig, attraktiv und obendrein verabredet. Sie sah sich in der Halle suchend um und kam dann auf mich zu: »Wissen Sie, ob Mister Maitland schon eingetroffen ist?« In der Lounge und dem zum Rasen hin offenen Wintergarten waren zahlreiche Gäste zum Cocktail versammelt; einige, die man vom Frühstückstisch her kannte, andere offenbar von auswärts. »Um ehrlich zu sein«, sagte ich in gewähltem Englisch, »ich kenne, wenn man es genau nimmt, niemanden in diesem Haus. Aber fragen Sie den Manager nach Mister ...« – Da hatte ich den Namen schon vergessen. Ich suchte nach dem Wirt und stellte ihn der jungen Dame vor. Dann ließ ich sie allein.

Eine halbe Stunde später war sie tot. Man fand sie nah der Küche in der Wäschekammer, ausgestreckt am Boden liegend. Sie lag mit dem Gesicht nach unten, doch ihre Locken und das blaue Cocktailkleid erkannte ich sofort. Ich hätte ihr vielleicht vor einer halben Stunde besser helfen können, gerettet hätte ich sie damit aber nicht. Denn ihr Tod an diesem Freitagabend stand auf dem Programm, und das hieß »Murder Mystery«, ein Mordsgeheimnis, in der Tat, und der Gipfel aller Fragen war wie stets die Frage nach dem Täter: »Whodunnit?«

In keinem Land wird der gemeine Mord so sehr als schöne Kunst betrachtet wie in England. Die größte Greueltat wird hier noch zum Pläsier, vorausgesetzt, sie ist erfunden – und man kann im Schutz der Leselampe voll Behagen mit dem Helden Mörder jagen.

Vom Detektivroman zur Mördersuche ist es dabei nur ein kleiner Schritt, und dieser Schritt ist auf der Insel mittlerweile so beliebt, daß sich an jedem Sommerwochenende in den Ferienhotels am Meer und auf dem Land die schönsten Todesfälle häufen. Auch Konferenzen, Dinnerparties und Zusammenkünfte wohltätiger Zirkel werden erst durch eine Leiche zum Ereignis. Mag der Mörder auch der Gärtner sein: In jedem Fall ist er auch Schauspieler, der sich mit einer kleinen Handvoll von Kollegen in die Runde eingeschlichen hat und nun für einen Abend oder auch ein ganzes Wochenende lang mit falschen Fährten für die richtige Verwirrung sorgt, sehr zum Vergnügen der Gäste, die von Anfang an die erste Regel kennen: Der Täter ist unter uns. Auch unser Frauenmörder aus der Wäschekammer saß mit uns an irgendeinem Tisch, soviel war uns vorher zugesichert worden. Wir brauchten ihn bloß noch zu finden.

Ein Inspektor in elegantem Zivil, der mit am Nebentisch gesessen hatte, hielt uns von der Leiche ab: der Spuren wegen, wie er sagte. Blut war nirgendwo zu sehen. Nur ein Bissen gebackener Käse lag nah der Toten auf dem Boden. Eine untersetzte alte Dame in der Runde schaute triumphierend zu mir auf: »Ganz klar, ein aufgesetzter Steckschuß!« Hatte sie tatsächlich mehr gesehen als wir alle, oder hatte sie am Ende nur mehr ferngesehen? Die Obduktion der Leiche würde es beweisen. Der Pathologe sei schon alarmiert, bemerkte der Inspektor. Wir sollten uns derweil das Abendessen munden lassen. Er habe obendrein die Handtasche der Toten sichergestellt und bitte daher alle ins Restaurant, an ihren Platz.

Als Horsd'oeuvre kam ein gebackener Camembert in Semmelbröselkruste auf den Tisch, der eine beklemmende Ähnlichkeit mit dem bisher einzigen Indiz vom Tatort aufwies. Ehe aber jemand sich ob dieser Peinlichkeit entrüsten konnte, trat Monsieur Hubert auf, Chefkoch eines Grandhotels in London, wie er stolz bemerkte, vorher im Savoy und im George V. à Paris, »wuh sawee?«. Mit einem südfranzösischen Akzent, der breiter war, als seine Mütze hoch, verriet er das Rezept des raffinierten Camemberts und hielt die Zutaten auf einem weißen Teller hoch, bis ihn eine scharfe Stimme unterbrach. Sie kam vom Nebentisch, wo eine alte Lady die Erfahrung ihrer lebenslangen Haushaltsführung wie einen Fehdehandschuh in die Runde warf: »Monsieur Hubert! Wenn Sie jemals Chefkoch waren: Warum reden Sie von Camembert und zeigen uns statt dessen einen Brie?« Wir hatten eine erste Spur: einen Käse – und einen Verdächtigen!

Simon Dabell, der Inspektor, kam zurück: Ob jemand bekannt sei mit einer Annabelle Burton? Niemand meldete sich, und auch als sich erwies, daß Annabelle die Leiche war, wollte niemand außer mir sie je gesehen haben. Das war unvorsichtig genug, denn nun holte der Inspektor aus ihrer Handtasche einen Kalender hervor und ließ aus Daten, Namen und Notizen die schöne Tote noch einmal lebendig werden: So hatte sie Monsieur Hubert gekannt – und nicht nur ihn. Da war ein heimlicher Geliebter mit dem Kosenamen Thumper, der englischen Entsprechung für den Hasen Klopfer aus Walt Disneys »Bambi«, und beim Blättern fand sich auch der Name Maitland!

Das war mein Stichwort: »Sir!«, rief ich zum Inspektor hinüber und stand auf, »ich vermute, die junge Lady war hier mit einem Mister Maitland verabredet!« Ein Raunen ging durchs Restaurant, währenddessen ich den »masskadeiihh«, den Muscadet, zu kosten hatte, den der Wirt mir eben präsentierte. Als der Wein probiert war, hatte sich zwei Tische weiter folgendes herausgestellt: der elegante Herr im Smoking hieß Charles Maitland und räumte widerstrebend ein, die Tote, wenn auch flüchtig nur, gekannt zu haben. Sie sei bei ihm beschäftigt, sagte er, vielmehr, nach Lage der Dinge: beschäftigt gewesen. Er sei der Inhaber des großen Londoner Hotels, in dem Monsieur Hubert beschäftigt sei, und mit der ganzen Tafelrunde in der Ecke über das Wochenende zu Besuch; neben ihm, im Rollstuhl und in Grau, Mrs. Maitland, seine Gattin, gegenüber eine attraktive

Amerikanerin im roten Kostüm, die sich als Jane Rogerson aus Cincinatti vorstellte und mehr mit ihrem Handy und dem Rest der Welt beschäftigt schien als mit ihrer Tischgesellschaft. Sie sei die Agentin des Kochs und augenblicklich landesweit dabei, ihn groß im Fernsehen herauszubringen! Einen Koch mit einer solchen Karriere? Jetzt hatten wir schon vier Verdächtige.

Zum Hauptgang kam der Obduktionsbefund; und während wir den Lachs zerlegten, kamen wir der Wahrheit wieder ein Stück näher: Es war tatsächlich Gift, kein Schuß, dasselbe Gift, das auch in Spuren noch im Käse in der Wäschekammer steckte. Im übrigen sei die Tote vor nicht langer Zeit durch einen Kaiserschnitt entbunden worden! Ein Aufschrei kam vom Ecktisch, an dem die vier Verdächtigen saßen: »Du Schuft!«, schrie Mrs. Maitland auf und goß ihrem Mann ein Glas Wein ins Gesicht. »Sogar ein Kind hast du mit ihr gehabt, du Klopfer, du – du Rammler!« Sie kramte einen Brief aus ihrem Abendtäschchen, glättete ihn und las, noch immer außer sich, die höchst lebendigen Liebkosungen der toten Annabelle Burton vor: »Dear Thumper – lieber Klopfer!«

Jetzt verlor auch Mr. Maitland seine Contenance. Den Tränen nahe, gab er zu, ein Kind mit Annabelle gehabt zu haben. Wohlgemerkt: gehabt. Das Kind sei nämlich gleich gestorben, und der Mörder sei Hubert, der Koch aus dem französischen Cahors. Und so hörten wir wohl allesamt in einem Ferienhotel auf den Klippen der Isle of Wight zum erstenmal den lateinischen Namen eines tödlichen Erregers, diesmal mit dem schönsten englischen Akzent: »listeria monocytogenes« – in Rohmilchkäse weit verbreitet, auch in Schalentieren und in geräuchertem Fisch. Mit anderen Worten: die Krönung jeder Haute Cuisine. Das schien den meisten einzuleuchten, waren sie doch gute Briten: Wer Froschschenkel und Innereien ißt, der schlachtet, wenn es sein muß, wohl auch Säuglinge und junge Mütter! Motiv? Verschmähte

Liebe, was denn sonst? Und wer wohl hätte eine bessere Gelegenheit gehabt, den Käse zu vergiften, als der Koch?

Maitland packte Hubert am Kragen und hielt ihm mit der anderen Hand ein silbernes Tablett mit dem letzten Stück vom Camembert hin, das offensichtlich aus der Küche stammte: »Jetzt iß das auf und stirb, du Mörder!« rief er außer sich – und setzte höhnisch hinzu: »Vielleicht beweist der Käse ja auch deine Unschuld!« Monsieur Hubert sank wimmernd in die Knie, wand sich unter allerlei Beteuerungen, bis ihn Maitland triumphierend von sich stieß, einmal ohne Zögern in den Käse biß und mit der Serviette elegant die Krümel von den Fingerspitzen tupfte.

Wir waren allesamt betroffen, so mittendrin im heftigsten Geschehen. Wer würde wohl mit Käse morden? Niemand, der ansonsten gut bei Kräften war. Ein schrecklicher Verdacht kam in mir auf: Mrs. Maitland! Sie war seit einem Reitunfall vor langer Zeit gelähmt. Annabelle war jünger, hübscher und in jeder Hinsicht wohl beweglicher als sie. Hatte sie sich nicht mit dem zitierten Liebesbrief verraten? Allerdings: Auf diesen einfachen Gedanken wäre sie auch selbst gekommen. Dann hätte sie den Brief gewiß nicht noch herumgezeigt! War das Gift am Ende überhaupt für Annabelle bestimmt? Der Camembert, das hatte uns Hubert verraten, war seine liebste Vorspeise. Das wußte jeder, der ihn kannte: also diese vier auf jeden Fall.

Uns übrigen blieb an den Tischen kaum die Zeit, uns über die Dessertauswahl auf dem Servierwagen zu beraten. Zum Kaffee sollten wir den Mörder haben. Noch einmal tat sich etwas in der Ecke: Mrs. Rogerson, die Agentin im roten Kostüm, schob schwankend ihren Stuhl zurück und bat uns alle, diese Störung zu entschuldigen. Ihr sei mit einem Mal so übel, es werde aber wohl gleich besser werden. Dann verschwand sie durch die Flügeltür zum Flur. Nach einer langen Schrecksekunde eilten zwei besorgte Damen hinterher auf die Toilette, und während wir zumindest einen Schrei und eine zweite Leiche zum Dessert erwarteten, kamen alle drei zurück, in der Mitte Jane, lebendig, wenn auch ein wenig verlegen.

Mit dem Kaffee kam noch einmal der Inspektor an den Tisch und teilte rote Zettel aus, auf denen wir den Mörder überführen sollten, mit Namen, Lösungsweg und näherer Begründung. Verdächtig waren alle vier, und alle hätten auch Gelegenheit gehabt, das Gift zu injizieren, genaugenommen auch die Tote selbst. Aber niemand mordet ohne ein Motiv! Wie stand es da um Mrs. Anderson? War sie wirklich bloß Agentin, nicht vielleicht Huberts Geliebte? Und kam denn wirklich nur Hubert in Frage? Nicht eher noch sein Chef? Mrs. Anderson als Jane, Charles Maitland als ihr Tarzan: Auszudenken war es allemal! War auch sie am Ende schwanger? Das hätte ihren Schwächeanfall leicht erklärt. Aber war das ein Motiv? Wofür? Und auch: für wen?

Oh, heilige Miss Marple, gesegneter Hercule Poirot! Ich strengte meine kleinen grauen Zellen an, denn schließlich konnten es nicht wirklich alle vier gewesen sein. Und siehe da: Mit einem Mal war alles klar! Ich schrieb die Lösung auf das Blatt und sah mit allen anderen den letzten Akt des Dramas: Charles Maitland bat Hubert noch einmal um Verzeihung wegen seines schrecklichen Verdachts. Er holte neue Gläser und entkorkte einen alten Bordeaux zur Versöhnung. Zwei Gläser goß er ein, und als Hubert noch zögernd dastand, ließ Maitland schon die Gläser klingen und trank genußvoll einen ersten Schluck. Nun folgte auch Hubert. Auf diesen Schrecken hatte er doch einen solchen Tropfen wohl verdient! Das letzte, was er dann noch hörte, war die Wahrheit: Für ihn, Hubert, den Mörder seines Kindes und seinen Rivalen, hatte Maitland den bekannten Käse präpariert, nicht für Annabelle. Das arme dumme Mädchen hatte nur davon genascht. Jetzt war sie tot, nun wollte auch

Charles Maitland nicht mehr leben. Aber Rache wollte er – und seine Ruhe! Und mit diesem Schlußwort brachen beide tot zusammen.

Beifall, Schrecken, Jubelrufe! Mancher war wohl nahe dran mit seiner Lösung, mancher war auch völlig überrascht. Aber nur einer konnte der Sieger sein, der Sherlock Holmes für diesen Abend. Der Inspektor bat um Ruhe, alle Zettel in der Hand, dirigierte mit dem Arm die Blicke aller in unsere Ecke und präsentierte meine Lösung: Nur der Mörder hatte wissen können, welcher Käse überhaupt vergiftet war. Hubert war fast vor Angst gestorben, als ihn Maitland von dem letzten Bissen hatte kosten lassen wollen. Also konnte nicht Hubert, und also mußte Maitland unser Mörder sein – »voilà pourquoi!«

Viele hatten auf die rätselhafte Mrs. Anderson getippt. Dabei war sie nur ein *red herring*, wie im Englischen die falsche Fährte heißt, die man bei der Schleppjagd durch die Büsche zieht. Ein Hering im roten Kostüm: Fast hätte man es ahnen können. Das Spiel war aus, und für die Siegerehrung war sogar die Tote wiederauferstanden. Den größten Beifall gab es für die kleinste Rolle: die schöne Annabelle Burton. So reizend wie schon einmal kam sie auf mich zu und gab mir diesmal einen Kuß, eine Urkunde und eine Flasche Champagner. Den Kuß gab ich artig zurück: Gerade ich war ihr das schuldig, dachte ich. Dann besah ich den Champagner. Er kam aus Kalifornien – und sein Name auf dem Flaschenetikett war »Tott«: wie »tot« mit Doppel-T.

Verstimmung, Nervenschwäche und schlechte Verdauung

Royal Tunbridge Wells und seine Pantiles

Wenn irgendwo die gute alte Zeit einmal zu Hause war, dann hier, in Royal Tunbridge Wells. Gewiß, vergangen ist sie heute hier wie überall; denn anders als vergangen hat es sie ja auch noch nie gegeben. Doch hier, im Heart of Kent, dem grünen Mittelpunkt des englischen Südostens, inmitten von Hopfen, Obst und heckenübersätem Weideland, im Talgrund zwischen felsgekrönten Buckeln, an deren Hängen längst die Stadt emporgewachsen ist, hier hat die alte Zeit sich leidlich durch die wechselnden Jahrhunderte gemogelt. Wohl wahr, sie hat dabei auch Federn lassen müssen: Der Kreisverkehr am Fuß des Common, des alten Öffentlichen Grüns der Stadt mit Bäumen, Ginster, Farn und Gras, verwickelt drei belebte Straßen zu einem dauernden Gewirr, das jeglichem Verkehr die Lebensluft gleich mehrmals täglich nimmt. Doch ein paar Schritte weiter abseits ist der Lärm der Straße schon verschwunden: Der Durchlaß im Gemäuer weitet sich zur stimmungsvollen Promenade mit hübschen weißlackierten Häuserfronten links und rechts, mit einem Säulengang vor einer Reihe von Geschäften und Linden, die den Weg beschirmen. Das sind die Pantiles, das Herzstück und die Wiege von Royal Tunbridge Wells, die älteste Fußgängerzone der Welt und eine der harmonischsten noch immer.

Nur ein paar kleinere Reklametafeln in der Kolonnadenreihe sperren sich dagegen, daß die schöne Illusion zur plumpen Täuschung wird. Ansonsten aber dominiert das Bild der alten Welt mit ihrem Ebenmaß der Fenster und Fassaden: »Those were the days, my friend!« Die gute alte Zeit! Und wer erscheint da wie bestellt, mit Dreispitz und Perücke, Ärmelkrause, Strumpf, Culotte und Schnallenschuh? Ein Abgesandter jener Zeit, der in der heutigen dezent Reklame machen soll für »A Day at the Wells«, das Multi-Media-Porträt der städtischen Vergangenheit. Das aber tut er immerhin mit Geistesgegenwart: »You come from Germany? Be welcome! Our King is German, you remember? George II.«

Ein König? Und ein Deutscher? Natürlich, Georg August, Kurfürst von Hannover, wie sein Vater König über Großbritannien, doch kaum ein halber Engländer, wenngleich er, anders als noch George I., immerhin des Englischen schon mächtig war, Regierungszeit von 1727 bis 1760, die schönste Blütezeit von Tunbridge Wells, das damals schon seit hundert Jahren der liebste Badeplatz und Spielplatz für die feine englische Gesellschaft war: »Die Königin ist mit ihren Hofdamen in Tunbridge Wells«, das wird im Tagebuch des Samuel Pepys, der zur Zeit Charles II. lebte, zur häufig wiederholten Formel. Mochte London brennen oder gar die Pest das Land verheeren: Weit genug entfernt vom Hof und seiner Etikette lebte man in Tunbridge Wells wie an einem ewigen Sonntag. Kein Wunder also, daß der Modetreff im Wald bald einen zweiten Namen hatte: Eaux de Scandale.

Freilich, glaubt man der Legende, dann ist der ganze Flecken sowieso ein Teufelswerk: In Mayfield, sieben Meilen – »as the crow flies« – weit entfernt im Süden, lebte im zehnten Jahrhundert der heilige Dunstan, Erzbischof von Canterbury und nebenher ein guter Schmied. Den traf der Teufel an der Esse, als er sich sein Pferd beschlagen wollte. Kaum hatte er den Teufel im Visier, zwackte er ihn mit der glühendheißen Feuerzange in die Nase, daß der Böse einen Schrei und einen Satz tat – geradewegs von hier bis Tunbridge Wells, um sich dort in einer Quelle abzukühlen. Seither, heißt es, hat das Wasser jenen Stich von Schwefel und Eisen, der den Kurbetrieb beflügelt.

Soviel zur Legende, der Rest ist bloß Geschichte: Auf einem Ritt zurück nach London entdeckte 1606 ein junger Edelmann, Dudley, der dritte Lord North, eine eisenhaltige Quelle (»Chalybeate Spring«) im Wald von Waterdown, vier Meilen weit entfernt von Tunbridge, dem heutigen Nachbarort Tonbridge. Der Höfling hatte sich im nahen Eridge Castle von den Ermattungen der Ausschweifung erholen wollen, da kam ihm dieses Wasser gerade recht. Da es scheußlich schmeckte, mußte es wohl nützlich sein. Er ließ es prüfen, hörte nur das Beste und genoß es auch selbst zum Beweis. Fortan war die Quelle angezeigt »in cold chronical distempers, weak nerves and bad digestion«, kurz, bei allen widrigen Begleitumständen des höfischen Wohllebens, Verstimmung, Nervenschwäche und schlechter Verdauung. Bei solch willkommener Indikation mußte aus dem Wasserloch im Grünen bald eine Goldgrube werden. Die Quelle wurde eingefriedet und bekanntgemacht, den Rest tat die Distanz zur Hauptstadt: nach London war es gerade mal so weit wie von Paris nach Fontainebleau.

Der Ruhm wuchs schneller, als man Häuser bauen konnte. Selbst die Nobelsten der Gäste mußten anfangs noch in Zelten auf dem Hügelkamm kampieren. 1629 bereitete sich Königin Henrietta-Maria hier auf die Entbindung vor, und nach der Geburt ihres Sohnes, des späteren Königs Charles II., kehrte sie im Jahr darauf zurück: Tunbridge Wells, die Quellen von Tunbridge, waren in den Adelsstand erhoben. Noch im dritten Jahrhundert darauf nannte Prinzessin Victoria, Kind des Herzogs und der Herzogin von Kent, das muntere Städtchen »Dear Tunbridge Wells«, und schließlich gab ihm Edward VII. im Jahre 1909 den wahrhaft königlichen Namen »Royal Tunbridge Wells«, der seither alle alphabetischen Register durcheinanderbringt, da niemand sicher sein kann, unter welchem Buchstaben er zu suchen hat, »R« oder »T« – zumal es bloß die Stadt ist, die das königliche Beiwort trägt, nicht der *borough*, der Verwaltungsbezirk, desselben Namens.

Nur einmal hatte Tunbridge Wells mit seinen Royals weniger Fortüne: 1698 glitt der Duke of Gloucester, damals noch ein Knabe von zwei Jahren, auf dem unbefestigten Gelände aus und lag im Dreck. Das weckte den Unmut der Mutter, Prinzessin Anne, und sie gab hundert Pfund, die Wege zu planieren und zu plätten. Doch als sie wiederkam im nächsten Jahr, hatte sich noch immer nichts getan, und niemand sah sie jemals wieder in Tunbridge Wells, weder als Prinzessin noch als Königin. Dabei waren doch die Wege bald mit roten Pfannenziegeln, sogenannten *pantiles*, akkurat befestigt. 1793 wurden zwar die kleinen viereckigen Ziegel durch die großen grauen Steinplatten ersetzt, über die wir heute promenieren, aber bei dem Namen Pantiles für das Fußgängerdorado blieb es. Die letzten echten *pantiles* liegen jetzt im Stadtmuseum.

Statt der Ulmen stehen heute Linden in den Pantiles, aber sonst ist noch alles beim alten: »This place consists of a long walk, shaded by spreading trees, under which they walk while they are drinking the waters«, so hatte schon Anthony Hamilton, ein Autor aus dem 17. Jahrhundert, die Pantiles und die Kurgäste beschrieben. Alles ist noch da, als wäre er erst gestern hier gewesen: die Modeläden bei den Kolonnaden auf der einen Seite, der Fischmarkt auf der anderen; hier finden wir das Badehaus von 1804 mit einer Büste von Lord North, das nun die Quelle birgt, zu der noch immer ein paar Stufen abwärts führen, und so wie früher steht ein Mädchen hier in alter Tracht vor ihrer Dipper's Hall und reicht das Wasser, wenn man will. Und das schmeckt immer noch nicht besser als 1907, als E. V. Lucas, der vielzitierte Wanderer der »Highways and Byways of Sussex«, es lakonisch goutierte: »If you like the taste of rusty horseshoes there is still the spring.«

Ein paar Schritte weiter finden wir die alte Musick Gallery; heute steht hier bloß ein junger Bariton, ganz ohne jegliche Begleitung, der preßt die Hände aneinander vor der Brust und singt so selbstversunken und berückend, daß alles stehenbleibt und lauscht und nach den Pennies in der Tasche gräbt.

Es gab nur einen Ort, der Tunbridge Wells das Wasser hätte reichen können: das elegante Bath, das schon im Namen seinen Ruhm und Zweck bewies, das britische Spa, wenn man so will. Von dort kam 1735 Richard »Beau« Nash als Zeremonienmeister in die Pantiles und setzte Tunbridge Wells das letzte Glanzlicht auf: Jetzt zeigte er den *happy few* der englischen Gesellschaft, was er mit dem fremden Wort *decorum* meinte, was man tat und was man besser unterließ, wann der abendliche Ball begann (um 18.00 Uhr) und wann er unbedingt zu Ende war (um 23.00 Uhr). Heute führt er uns mit ausgesuchtesten Manieren durch sein Spielzeugreich von »A Day at the Wells«.

Ob die Wirklichkeit so vornehm wirklich war, das sei dahingestellt. Daniel Defoe zumindest hatte 1724 noch zum Kurbetrieb bemerkt, er sei doch wenig systematisch: »Some drink, more do not, and few drink physically.« Zerstreuung und Gesellschaft waren wesentlicher als das Wasser und die gute Luft. Das Nichtstun boomte mehr als ein Jahrhundert lang in Tunbridge Wells. Decimus Burton vor allem, der große Architekt des 19. Jahrhunderts, überzog zuletzt die einstmals grünen Hügel mit den elegantesten Ensembles, die wir heute noch bewundern.

Da gibt es die großen Hotels auf dem Mount Ephraim, allen voran bis heute das Spa und das malerische Royal Wells Inn am anderen Ende der Höhe; es gibt den schönen Promenadenhain The Grove und gleich daneben, hinter dem Calverley Hotel, in dem einst Queen Victoria logierte, den Calverley Park mit dem dorisch verkleideten Sandsteinportal der Victoria Lodge. Die halbkreisförmige Gebäudereihe Calverley Park Crescent ist mit ihren Säulen ganz bewußt den Pantiles nachempfunden, und hinter den blickdichten Hecken hoch über den Calverley

Grounds liegen noch immer die Villen des Decimus Burton: *millionaires' rows* hießen damals solche Straßen im Volksmund.

Die Eisenbahnverwaltung schließlich, voller Hybris, die sie Umsicht nannte, widmete dem Ruhm der Stadt ein eigenes Husarenstück: Sie schaffte es, daß die uralte Nachbarstadt Tunbridge, immerhin der Namensgeber für den Kurort, seinen Namen ändern mußte. Tunbridge hieß nun Tonbridge, auf das kein Reisender in Zukunft mehr am falschen Bahnhof seinen Zug verließe. Das tun die Reisenden zwar heute noch, doch bei dem neuen Namen blieb es.

Dann kam der Niedergang auf Zeit: Die neuen Badeorte an der Küste liefen Tunbridge Wells den Rang ab. 1802 hatte die Tänzerin Sarah Baker noch in den Pantiles ein Theater bauen lassen, dessen Bühne kurioserweise in Sussex lag, während der Zuschauerraum bereits zu Kent gehörte: Die alten Grafschaftsgrenzen hatten Tunbridge Wells noch nicht gekannt. 1843 wurde das Theater aufgegeben und zur Getreidebörse umgewandelt. Hoch auf einem Schild am Dach steht immer noch der Name Corn Exchange, und noch immer hält die frischlackierte Erntegöttin Ceres ihre Sense hoch. Wo die Gesellschaft ausblieb, brauchte man auch kein Theater mehr.

Doch auch diese Zeiten sind inzwischen längst vorüber. Tunbridge Wells, die Partnerstadt von Wiesbaden, ist heute eine blühende Finanzstadt, Ausflugsort und Einkaufstreff, der lebhafte Hauptort des Weald und liegt in der Nähe der meisten historischen Häuser und Schlösser in Kent. Die schmalen viktorianischen Reihenhäuser in der Mount Ephraim Road sind heute prallvoll mit Büros, und ein neues Shopping-Center dominiert die Innenstadt: Royal Victoria Place. In der High Street bieten Payne & Son, die Silberhändler (»established 1790«), ihre Raritäten an, die schon als antik gelten konnten, als ihr Laden neu war. Die Corn Exchange ist jetzt ein Ladencenter, und wie bestellt zum neuen Aufschwung gibt es wieder ein

Theater: Nur ein paar Meilen nördlich vor der Stadt entdeckte der Tenor Kim Begley 1989 im Landhaus David Salomons einen ganzen edwardianischen Theatersaal, an dem sein etwa hundertjähriges Bestehen wie ein Tag vorbeigegangen war. Den neuen Eigentümern hatte Broomhill, wie die Stätte heißt, zuletzt als Schulungsraum gedient. Doch schon im Sommer 1991 gab es erstmals wieder ein Konzert in Broomhill, und das berühmte Glyndebourne schickte seinen »Don Giovanni« in das prächtige Theater. Seither mietet der Broomhill Trust jeweils für zwei Monate im Sommer das Theater und veranstaltet Opern, Feste und Konzerte. London liegt noch immer vor der Tür, und Tunbridge Wells ist wieder eine Attraktion wie vor Jahrhunderten: »The company though always numerous, is always select.« – So hatte Anthony Hamilton damals geschrieben. »And joy and pleasure are the sole sovereigns of the place.«

Wooden Walls vom Medway

Rochester und Chatham mit den Historic Dockyards

»Dickens was here« – und sein Spazierstock steht noch heute an der Wand in Rochester. Das Eastgate House von 1590 beherbergt ein Charles Dickens Centre, und was an Bildern, Büchern oder Lebensspuren hier versammelt ist, das paßt zum Bild der High Street draußen vor der Tür: schwarzes Fachwerk, rote Ziegelwände, weißlackierte Planken an der Wetterseite der Fassaden – überall viktorianische Behaglichkeit. Zahlreich sind die Bauten links und rechts des roten Backsteinpflasters, die in Dickens' Büchern eine Rolle spielen, die imposante »Guildhall« und das »Restauration House«, die Kathedrale und das »Royal Victoria and Bull Hotel«, wo sich der »Pickwick Club« versammelte: Keine Stadt in England ist so sehr Dickens' Stadt wie Rochester, sein »Dullborough« und »Cloisterham«, die alte Metropole an der letzten Windung des Medway. Und wer vom Fluß herüberkommt und den Verkehr vergessen kann, der sieht die Stadt womöglich so wie auf den ersten Seiten des Romans »Die Pickwickier«, geführt von dem bemerkenswerten Mr. Jingle: »Schöner Ort, ruhmreiche Gebäude – drohende Mauern – wackelige Torbögen – dunkle Winkel – zerfallende Treppen – auch alte Kathedrale – erdiger Geruch« – und was der Attraktionen mehr sind. Begnügen wir uns mit dem Schlußwort: »Kapital!«

Es gibt im Englischen ein Wort für ein solches Stadtbild: *Dickensified.* Und nirgends trifft das Wort so zu wie hier in Rochester, wo Dickens nie gelebt hat. Auch sein Chalet, in dem er 1870 starb, ist erst später abgetragen und hier neu errichtet worden. Doch in Chatham hat er seine Kinderjahre zugebracht, von

1817 bis 1821, und Chatham liegt nur ein paar hundert Meter weiter an derselben High Street, am selben Medway sowieso. »Wenn heute einer sagen könnte, wo Rochester endet und Chatham beginnt«, hat Dickens selbst gesagt, »dann kann der mehr als ich.« Heute sind die beiden als »City of Rochester upon Medway« ohnehin eine Stadt. Und dennoch ist die Unterscheidung so spitzfindig wie sinnvoll. Denn Chatham ist in vielem die Ergänzung und das Gegenbild zum schönen Rochester.

Die eine ist die Dickens-Stadt im Sonntagsstaat, frisch lackiert, mit Blumenkörben an den Häusern; die andere trägt alle Tage ihre Arbeitskluft und zeigt auch sonntags ihre Schwielen an den Händen. Von 1547 bis 1984, seit den Stuarts bis weit in das Atomzeitalter, lag hier im weichen Schlick der wechselnden Gezeiten der Royal Dockyard, die Werft für Englands Seestreitkräfte; vierhundert Kriegsschiffe wurden hier auf Kiel gelegt; das erste, 1586, war die Sunne, das letzte wurde 1966 die Okanagan, ein U-Boot der Royal Canadian Navy.

Hier hat John Dickens, der Vater des Erzählers, als Zahlmeister sein Glück versucht, bis er 1822 aufgab und zurück nach London ging. Der Niedergang der Werft kam mit den großen Schiffen und der stärkeren Verlandung in der Medway-Mündung; als die Admiralität die Dockyards 1984 aufgab, verlor die Stadt mit einem Schlag achttausend Arbeitsplätze.

Doch wo andernorts vielleicht saniert, geplündert, abgewickelt worden wäre, hat man sich hier der eigenen Geschichte angenommen und präsentiert die Werftanlage als Historic Dockyard, als Museum. In Zahlen zumindest ist es die größte Sehenswürdigkeit im englischen Südosten, auch wenn die Attraktion der spröden Stätte niemals an die Popularität von Canterburys Kathedrale heranreichen wird. Auf 32 Hektar stehen 47 historische Bauten beisammen, die meisten aus dem 18. und frühen 19. Jahrhundert, Schwimmdocks, Trockendocks und Schiffsbauhallen, alles im Originalzustand, die Werkstätten der Handwerker, die Amtsstuben der Zahlmeister, die Messe und sogar die Dockyard Church, die eigene Kirche.

Im Backstein des Portals prangt nach wie vor das Wappen Georges III. von 1811, doch den Besuchern bietet sich ein Überblick, der weiter reicht als bloß bis 1811 und die gesamte Zeit der Segel- wie der Dampfschiffahrt umfaßt, die ganze Zeit von Englands Größe. Da liegen Kanonen aus den Zeiten der Armada neben solchen aus dem Zweiten Weltkrieg, das U-Boot XE8 von 1944 neben dem viktorianischen Dreimastdampfboot Gannet von 1876 in eiserner Rüstung, und wiederum daneben, in der gleichen schlanken Körperform der Schiffe, das Trockendock 2, die Wiege des berühmtesten von allen Schiffen Chathams und der Royal Navy, der Victory, auf Kiel gelegt im Siebenjährigen Krieg, 1759, doch nach dem Krieg erst, 1765, vom Stapel gelaufen, ruhmreich schließlich erst als Veteran, als Nelsons Flaggschiff vor Trafalgar, 1805.

Vieles ist verrottet, mürbe oder blind geworden. Die großen Hallen, die den Medway säumen, stammen schließlich aus den Jahren 1836 bis 1855, frühes Zeugnis einer neuen Rippenkonstruktion, und wenn man sie auch heutzutage gerne zu »Industrial Cathedrals« stilisiert, dulden sie doch keinen Zweifel, daß man sie zu nichts als harter Arbeit hier errichtet hat. Ebenfalls ein bloßer Arbeitsplatz und doch ein eleganter Prachtbau ist die Backsteinhalle für die Segel und die Flaggen von 1734. Wo schon die Victory gerüstet wurde, sind immer noch die Segelmacher bei der Arbeit, Wimpel, Souvernirs, robuste Einkaufstaschen sind ihr täglich Brot, aber dann und wann kommt ihnen auch ein Segel in die Nähmaschine. Die Seilerei am Fluß ist gleichfalls in Betrieb, die älteste in England, die noch funktioniert, und obendrein der längste Bau in Chatham: eine knappe Viertelmeile unter einem Dach.

Die größte Sehenswürdigkeit indes ist erst 1990 im

alten weißen Mast House eingerichtet worden: die Wooden Walls Gallery, das ebenso patriotische wie lehrreiche Herzstück der Werft. Wooden Walls, so nannte England stolz im 18. Jahrhundert seine Flotte, der schwimmende, bewehrte Schutzwall des Imperiums. Der Bau der Valiant, eines 74fach bestückten *ship of the line* in den Krisenjahren 1758/59 wird hier als lebensechtes Modell mit großem Aufwand simuliert. In England liebt man solche liebevoll gestalteten Lokaltermine der Geschichte, bis ins letzte ausgetüftelte Spektakel, die dem eigenen historischen Bewußtsein zwanglos auf die Sprünge helfen sollen und die Pilgerfahrt der »Canterbury Tales«, den eleganten Zeitvertreib im Kurort Tunbridge Wells (»A Day at the Wells«) oder die vom Krieg gezeichnete Geschichte Dovers (»White Cliffs Experience«) multimedial vor Augen führen. Ihnen allen aber hat die Wooden Walls Gallery unstrittig voraus, daß ihre Re-Animation am rechten Ort vonstatten geht: Die weißen Fachwerkbauten stammen aus den Jahren 1753–1758, und vor den Toren fließt derselbe Medway. So begleitet man den Zimmermannseleven William Crockwell durch die Werkstatt und die Zeit und lernt weit mehr, als bloßer Unterricht in dieser Zeit vermag: Daß für jedes Schiff ein Eichenwald so groß wie die gesamten Dockyards gebraucht wurde, zweihunderttausend Eichen insgesamt in der Geschichte Chathams; daß Handwerker aus zwanzig verschiedenen Berufen Hand in Hand beim Schiffsbau tätig waren – und jeder erst nach sieben Jahren Lehre; daß schon damals mehr als 1700 Mann hier Arbeit hatten, vom Oberschiffsbauer bis hin zum Rattenfänger, dessen Schaffen Jahr für Jahr mit vier Pfund in die Bücher kam. Man sieht die Männer beim Kalfatern, die Schmiede mit dem Anker und die Sägeburschen, die in Handarbeit aus ganzen Eichen Bohlen machen im Akkord.

Schon nach vierzig Jahren war die große Zeit der Valiant vorüber, nach 1799 tat sie nur noch Dienst als

Quarantäneschiff im Medway; Dickens mag sie also noch gesehen haben. 1826 unternahm sie ihre letzte Fahrt die Themsemündung abwärts bis Sheerness und wurde ausgeschlachtet. Ihre Eichenspanten zieren sicher heute noch so manche malerische Fachwerkwand in England.

Es ist ein Abstecher für einen halben Tag, der Weg von Rochester nach Chatham. Vom Medway geht der Blick zurück auf Gundolfs alte Kathedrale; dort oben wünschte sich Dickens seine letzte Ruhestatt. Doch sein Grab liegt in Westminster Abbey, für die Kreisstadt war er zu berühmt. Dafür ist er hier immer noch lebendig, und nimmt man Chatham noch zu Rochester hinzu, dann ist das Inventar der beiden Zwillingsstädte, wie Mister Pickwick es einst beschrieb, heute noch zu schmecken, fühlen und riechen: »Soldaten, Seeleute, Juden, Kreide, Garnelen, Polizisten und Dockarbeiter«, und in den Läden »Schiffsbedarf, Zwieback, Äpfel, Plattfische und Austern«.

Der Held als Frau

Knole und andere Schlösser in Kent

Orlandos Lieblingsplatz liegt hoch bei einer Eiche, auf dem Rücken einer Höhe – »so hoch in der Tat, daß man unten neunzehn englische Grafschaften sehen konnte; und an klaren Tagen dreißig oder vielleicht vierzig, wenn das Wetter sehr schön war«. – Man sieht zuweilen den Kanal, im Osten Londons, eingehüllt in Rauch, und in der Ferne obendrein den Snowdon.

Nichts von alledem ist wahr: Der Snowdon liegt in Wales, der Ärmelkanal fern auf der anderen Seite, und auch Orlando ist erfunden, oder doch zur Hälfte, Titelheld und -heldin eines biographischen Romans von Virginia Woolf. Die zweite Hälfte freilich hat gelebt, Victoria (»Vita«) Sackville-West, Vertraute wie Geliebte der Autorin. Sie war das kaum verhüllte Vorbild für Orlando. Ihr hat Virginia Woolf ihre Arbeit gewidmet, und am Ende mochte sie die Freundin fragen: »Habe ich Dich erfunden?«

Vorgefunden hat sie immerhin den Schauplatz, hoch auf dem Rücken des Sevenoaks Ridge. Hier, wo der Sandstein sich zu grünen Buckeln wölbt, inmitten alter Bäume, verborgen hinter Eichen, Buchen, Ahorn und Kastanien, liegt auf einem dieser Hügel oder *knolls,* nach einem alten Wort, Vitas Vaterhaus und heißt nach seiner Lage: Knole – nicht das schönste, nicht das meistbesuchte, aber doch das typischste, charaktervollste und vor allem »englischste« von allen Herrenhäusern Kents. Und das will einiges bedeuten: Einzig noch Northumberland verzeichnet mehr an Schlössern und Kastellen als die alte Grafschaft Kent, die Wiege und der Garten Englands.

Wie der Roman im spielerischen Umgang mit der Erzählform der Biographie das Leben Vita-Orlandos erzählt, so erzählt er auch das Leben dieses Hauses seit der Frühzeit bis zum »Augenblick der Gegenwart«, dem 11. Oktober 1928, dem Erscheinungstag des Buches. Auch Orlando lebt die ganze Zeit und altert über vier Jahrhunderte eben mal um zwanzig Jahre: »Orlando, der Held, wird von den Tagen Elisabeths bis zur Gegenwart leben und auf halbem Wege eine Frau werden«, schrieb VW (Virginia Woolf) vor der Veröffentlichung an ihren Verleger, »es wird völlig phantastisch und sehr einfach geschrieben sein ...«

Phantastisch ist der Wandel des Geschlechts, der freilich Vitas Neigungen entspricht: Sie liebte Frauen und liierte sich mit Männern. Phantastisch ist die Dauerhaftigkeit im Wandel, doch eben hierin liegt die Wahrheit der Erzählung eigentlich begründet, denn eine Reise durch die Zeit ist jede Fahrt durch Englands heckenübersäte *countryside* mit ihren alten Dörfern, Herbergen und Kirchen, jeder Schloßbesuch zumal – und ganz besonders der Besuch in Knole, das auch im Augenblick der Gegenwart wie in Tudorzeiten vor uns steht.

»Heart of Kent«: So heißt der beste Schauplatz einer solchen Zeitenreise. Und Schlösser und Kastelle bilden hier wie vor Jahrhunderten die Pfosten, zwischen denen dieses Herzstück Englands abgesteckt ist: Leeds Castle im Osten, Sissinghurst und Scotney Castle, die beiden Ruinen mit herrlichen Gärten, und das märchenhaft-wehrhafte Bodiam Castle gleich jenseits der Grenze von Sussex im Süden, Penshurst Place und Hever Castle im Westen, dazwischen, als Filetstück: Knole.

»Das große Haus zu Sevenoaks«, wie es bereits im 15. Jahrhundert hieß, ist mit dem Gang der Zeiten nicht nur im Roman, sondern auch in der Wirklichkeit verbunden: Es ist – »as time goes by« – um sieben Innenhöfe rings gebaut, hat 52 Treppen und soll so viele Räume haben wie Tage im Jahr: 365. Niemand weiß, ob das bloß Zufall ist oder Zahlenmagie der Erbauer; selbst Vita Sackville-West, die auf Knole herangewachsen ist und die dem Haus ihrer Geburt ein Buch gewidmet hat (»Knole and the Sackvilles«, 1922), gesteht, die Zahlen nie geprüft zu haben: Am liebsten, schreibt sie, sei ihr die Idee, der letzte Architekt sei unverhofft darauf gestoßen, daß er mit wenig Aufwand und ein wenig Zahlenakrobatik, mit Vorzimmern und List und Lobbies, bedeutungsschwere Wirkung schaffen könne. Wie auch immer: Heute sind die Zahlen in der Welt und heischen Unterwerfung.

Was die Autorin in der Dichtung an das Leben und Erleben einer einzigen Figur gebunden hat, das verbindet sich historisch mit dem Namen einer einzigen Familie: Ein Lord of Sauqueville, ein Ritter aus der Normandie, vier Jahre schon nach der Eroberung des Jahres 1066 urkundlich bezeugt, soll der Ahnherr aller Sackvilles sein. Wie diese hat Orlando neben englischem auch normannisches Blut in den Adern.

Als festes Haus ist Knole seit 1281 belegt. 1456 kaufte es der Erzbischof von Canterbury, Thomas Bourchier, für 266 Pfund, 13 Shilling und 4 Pence und verwandelte die Festung in eine Wohnstatt. Drei weitere Erzbischöfe folgten, dem vierten, Thomas Cranmer, forderte Heinrich VIII. es ab. So fiel es an die Krone. Zum erstenmal in der Geschichte hatte England eine mächtige Zentralgewalt, niemand mußte sich fortan um seine eigene Verteidigung bemühen, die Zeit der *castles,* der Burgen, war vorüber: Knole wurde eins der ersten großen *country houses* Englands.

Zu Heinrichs Zeit gelangte ein Richard de Sackville zu Reichtum und zu rüdem Ruf, der durch das Wortspiel »sackfill« oder »fillsack« überliefert wurde. Seine Mutter war eine Tante der Königin Anne Boleyn, Heinrich Blaubarts zweiter Frau, und deren Tochter, Elisabeth I., gab Knole an ihren Cousin Thomas Sackville, als sie auf dem Thron saß, 1566 noch auf Zeit, 1603 für immer.

Sackville war ein Günstling seiner Königin, kein Zweifel, Politiker, Botschafter in Frankreich und den Niederlanden, Schatzmeister zuletzt – und Künstler obendrein, der Dichter der ersten englischen Tragödie im Blankvers. Er war – mit einem Wort –, wie Vita Sackville-West, Orlando. Und so wie Orlando ließ auch Thomas, unter James I. 1604 zum Earl of Dorset erhoben, das Haus aufs prächtigste verwandeln.

Seit jener Zeit hat Knole sich kaum verändert. Da ist die große, aber unscheinbare Westfassade, die noch der König hatte bauen lassen, das erste, was der heutige Besucher sieht, ein graues Bild von Ebenmaß und Abgeschlossenheit. Man muß aus einem hohen Fenster blicken können, um Knole in jener Vielfalt zu entdecken, die Orlando immer wieder fasziniert: »Sein Haus. Dort lag es im frühen Sonnenschein des Frühlings. Es sah eher wie eine Stadt aus denn wie ein Haus, aber eine Stadt, die nicht kreuz und quer erbaut war, wie dieser Mann es wünschte oder jener, sondern von einem einzigen Baumeister mit einer einzigen Vorstellung im Kopf.« – Es war der Kopf Bouchiers.

Homogen wie alles auch der Stein: *Kentish rag*, rauher, grauer Kalkstein der Umgebung, der im Sonnenlicht ein wenig glänzen mag, silbern wie Perlmutt, und für die feineren Konturen polierter Muschelkalk aus Kent, *Bethersden marble*. Mögen auch die stolzen Bauten des 18. Jahrhunderts weithin als gefälliger, auch typischer gelten: Englischer zumindest sind sie nicht. Sie seien, so schreibt Vita Sackville-West, »in England, they are not of England«.

Englisch ist in Knole schon die Fassade aus Bescheidenheit. Draußen an der Außenmauer, die genauso alt ist wie das Haus und aus demselben grauen Stein, weisen uns die kleinen Schilder, unauffällig schwarz mit weißer Schrift, voller Understatement bloß zum »House«. Um so mehr beeindruckt dann bereits die Anfahrt, scheinbar weg vom Haus, im Bogen hinab und durch die Senke eines lange verschwundenen Baches und aufwärts zwischen Baumgiganten, vorbei an unzähligem Damwild und zuletzt ans Tor. Dort wiederholt sich das Erlebnis: Unscheinbar beinahe wirkt der Stone Court, bis die Führerin mit einem Wink hinaufweist an die Regenrinnen mit den alten Initialen »TD« – Thomas Earl of Dorset. Das Wasser aus den viereckigen Rohren sammelt sich in einem großen Reservoir gleich unter uns. Im Innern schließlich ist die Wirkung dann am größten. Immer wieder sagt uns unsere Begleiterin, im zugeknöpften Mackintosh, mit bläulich eingefärbten Haaren, »wir sind kein Museum«. – Sie sagt tatsächlich »wir«, nicht »Knole« – nur um dann wieder eine neue Tür zu öffnen zu einem neuen Raum voller Bilder, hier ein halbes Dutzend Ölgemälde nach van Dyck, dort eine Reihe Porträts »after Holbein«, dort sechs großformatige Kopien nach Raphael, zuletzt die Reynolds gleich im Dutzend mit einem Gainsborough als Zugabe.

Nur ein Cembalo in England ist älter als das in Knole von 1622. Kein Möbel ist berühmter als das sogenannte Knole Settee aus dem 17. Jahrhundert, der ferne Ahnherr ungezählter Sofas. Und ohne seinesgleichen ist im ganzen Land der King's Room mit der opulenten Ausstattung aus Goldbrokat und reinem Silber. James II. hat hier einst logiert, als er noch Duke of York war, seither hat man das funkelnde Gemach für ihn bereitgehalten. Doch er kam kein zweites Mal. Über hundert Menschen haben dieses Bett in jahrelanger Arbeit kürzlich wiederhergestellt, und als vor ein paar Jahren die Ausstattung des Raums vorübergehend in Amerika gezeigt wurde, war eine Dame des Vertrauens drei Wochen lang damit befaßt, das Silber zu polieren – Spiegel, Kerzenständer, Bürsten und Flakons. Jetzt sei sie nicht mehr sauer, sagt heiter die Dame vom National Trust, die hier gemütlich Wache hält, daß sie zu Hause mit ihrem Silber nicht immer so zurechtkommt, wie sie sich das vorgestellt hat. Auch der Tisch ist ganz aus Silber, einen ähnlichen besitzt die Queen in Windsor, wird uns anvertraut, aber der ist in der Tat vier Jahre jünger.

Ein Raum im ganzen Haus gilt als »Museumsraum«, auch das will sagen, daß das Haus als ganzes kein Museum ist. Es ist noch immer bewohnt, die

Türen rechts und links im Durchgang zum Stone Court tragen allesamt den kleinen Hinweis »private«, und stünde hier ein Name auf dem Schild: Er wäre Sackville – wie seit 1566.

1946 gab Vitas Onkel sein Haus schweren Herzens an den National Trust, doch immer noch bewohnen Sackvilles den größeren Teil, und in den öffentlichen Räumen ist der alte Geist zu Hause wie sonst nirgends. Die hingestreckte Schöne am Fuß der großen Treppe stellt Giannetti Baccelli dar, eine italienische Tänzerin, die Geliebte des dritten Duke of Dorset – seit 1720 waren die Sackvilles Herzöge. Noch nach über zwei Jahrhunderten fällt es leicht zu glauben, daß der Herzog, wie von Sinnen, ihr seinen diamantenbesetzten Hosenbandorden antrug und sie damit ihre Haare zusammenhielt. Und wer weiß, vielleicht war er ja wirklich der Geliebte der Marie-Antoinette, Botschafter in Frankreich war er jedenfalls. Selbst der Duft ist hier der alte: Das machen die Potpourris nach dem Rezept der Lady Germain von 1750, Rosenblätter, Veilchen und Lavendel, Myrten, Eisenkraut und Rosmarin, Lorbeerblätter, Balsam und Geranien und vieles mehr in großen Schalen, die im ganzen Haus verteilt sind.

Im Augenblick der Gegenwart ist die Vergangenheit lebendig: Das macht Knole so einzigartig unter Englands Herrenhäusern. Ähnlich ist es nur in Penshurst Place, das gemeinsam mit der Kirche und dem alten Leicester Arms Hotel jenseits der Straße ein ganzes Dorf beherrscht. Das zinnenbewehrte gotische Schloß ist noch bewohnt und gänzlich in Privatbesitz. Auch hier der Eindruck von Geschlossenheit im Westen, und wiederum erschließt sich das gegliederte Gemäuer dem Besucher erst, wenn er sich nähert, von Süden her, vorüber an getrimmten Eiben und weiter in den akkuraten Garten.

Gebaut aus gutem, festem Stein, mehr auf würdige Bemessenheit bedacht als auf verfeinerte Schönheit: So hat einer der Bewohner, Sir Philip Sidney, auch er ein Diplomat und Dichter, Penshurst Place am Ausgang des 16. Jahrhunderts beschrieben. Damals war das Haus schon alt, die große mittelalterliche Halle stammt von 1340 und stützt ihr weites Dach noch immer auf dieselben mächtigen Kastanienbalken wie schon vor sechshundert Jahren. Und auch zu diesem Haus ist einem Dichter eine Zeile über das Vergehen und die Zeiten in den Sinn gekommen: »Fresh as the ayre, and new as are the houres«, so schrieb Ben Jonson über Penshursts Garten. Doch Penshurst Place hat Zeiten des Verfalls und Niedergangs erlebt, im 18. Jahrhundert nahm ein neuer Eigner den alten Namen Sidney an, um so die Kontinuität des Hauses zu bewahren, und so mag der jetzige Besitzer, Viscount De L'Isle, wahlweise auf zwei und vier Jahrhunderte zurückblicken.

Wer mit dem Auge reist, der findet leicht in Hever und Leeds Castle, was er sucht. Das malerische Inselschloß Leeds Castle ist das Traumschloß jeder Sehnsucht nach dem Mittelalter – »das schönste Schloß der Welt« nach Lord Conway. Und es tut im Grunde nichts zur Sache, daß das ganze Zitat weit weniger werbewirksam ist: Wenn man das Schloß im Nebel sieht und sieht die Mauern, wie sie sich im Graben spiegeln, dann könnte man wohl denken, es sei »das schönste Schloß der Welt«.

Das alte Königinnenschloß, beliebter Rastplatz auf dem Weg nach London, ist heute im Besitz einer Gesellschaft und kann für Seminare angemietet werden. Im Sommer gibt es Golfturniere und Ballonregatten, und aus der Höhe sieht der See mit den Gebäuden auch am besten aus. Oder zu Ostern, wenn in den gelben Meeren der Narzissen zwanzigtausend Ostereier auf die Kinder der Besucher warten. Im Innern ist der Abglanz der Epochen allenfalls geborgt, zusammengetragen zumeist, wenn auch mit Geschmack. So steht man unverhofft vor belgischen Behängen und einem Pastell von Degas oder findet neben einem Tryptichon eines flämischen Meisters zwei Pissarros. Daneben in den alten Kaminen ein künstliches Feuer. Die letzte Eignerin, Lady Bailley, die Leeds Castle in den zwanziger Jahren erwarb, wünschte sich, mit Recht, auch den Komfort des 20. Jahrhunderts.

Und schließlich Hever Castle, ein Park, ein Parkplatz und ein Wasserschloß dahinter. Hier wird die Reise durch die Zeit zur *sentimental journey*. Hever war der Stammsitz der Familie Bullen, deren unglückseligste Vertreterin sich auf dem Weg zum Gipfel für die Vornehmheit entschied und ihren derben Namen in »Boleyn« verwandelte. Hier war es, wo der König um sie warb und wo er sich, in Briefen, als »treuer Diener« ihr zu Füßen legte: »Obwohl ihr, meine Geliebte, nicht geruhet, Euch an das Versprechen zu erinnern, das Ihr mir bei unserer letzten Zusammenkunft gabt – nämlich ... auf meinen letzten Brief zu antworten – geziemt es nach meiner Ansicht dennoch einem wirklichen Diener, sich nach dem Befinden seiner Geliebten zu erkundigen« – die Launen des Verliebten als geschraubte Perioden. Die Hochverehrte sitzt derweil an ihrer Handarbeit und läßt den König zappeln. In der Staircase Gallery ist eine ihrer Hauben ausgestellt, gefertigt von Anne Boleyn. Der König, immerhin verheiratet mit Katharina von Aragón, wünscht sich unterdessen in die Arme »meines Schatzes, dessen hübsche Brüste ich bald zu küssen hoffe«. Auch dieser Brief ist überliefert. Heinrich hat wohl kaum geahnt, daß der Angebeteten in gar nicht fernen Zeiten der Makel angehaftet werden würde, daß sie der Brüste dreie habe! In ihrem Zimmer wird ihr Stundenbuch verwahrt mit ihrem handschriftlichen Motto: »Remember me when you do pray / that hope doth lead from day to day / Anne Boleyn.« Sie trug es bei sich auf dem Weg zur Hinrichtung im Tower, wo ihr Ehemann sie köpfen ließ wegen wiederholten Ehebruchs, sogar mit ihrem Bruder, womöglich aber nur, weil sie ihm eine Tochter schenkte, aber keinen Sohn für seinen Thron. Für den

Henker war ein Honorar von 24 Pfund vereinbart, und das zu einer Zeit, da ein ganzes Drittel der steuerzahlenden Bevölkerung unter einem Jahreslohn von einem Pfund blieb.

Fast flüsternd weisen die Besucher einander auf die Fingerzeige an den Wänden hin und haben Mühe, Heinrichs Ehen wenigstens im Abzählvers zu überblicken: »Bluff Henry the Eighth to six spouses was wedded: / One died, one survived, two divorced, two beheaded.« Da ist er überführt, der »Blut- und Fettfleck«, wie es Dickens schrieb, »im Buch der englischen Geschichte«.

Von der Geschichte ist in Hever freilich kaum etwas erhalten. Nach dem frühen Tod von Annes Vater fiel das Schloß an Heinrich, der gab es an seinen vierten Versuch, an Anne von Kleve, als Mitgift für die Scheidung nach einem halben Jahr Ehe. Nach deren Tod ging Hever unter. Und von Heinrich blieb der gutgemeinte Vers aus früher Zeit: »For whoso loveth, should love but one; / Change whoso will, I will be none.«

Erst einem reichgewordenen Amerikaner, William Waldorf Astor, Nachfahre deutscher Emigranten aus Walldorf nahe Heidelberg, war es vorbehalten, Hever zu neuem Leben zu erwecken. Er fand, daß sein Amerika für einen Gentleman bei weitem nicht die richtige Adresse sei und kaufte 1903, was noch von Hever übrig war.

Einen Großteil des Schlosses ließ er neu errichten – in bloß drei Jahren, mit Hunderten von Arbeitern. Er überzog das Innere mit kostbar falschem Tudorstuck und kunstvollen Intarsien, mit Schnitzereien in der besten Art der alten Meister, aber ausgeführt im 20. Jahrhundert. Er ließ im Hintergrund des Schlosses ein echtes, wenn auch falsches, Tudordorf errichten, den Park gestalten bis zum Taxuslabyrinth, schuf einen italienischen Garten und dahinter einen See, so kunstvoll und so künstlich wie der große Rest; so aufwendig und kostbar, daß die perfekte Kulisse selbst zum Kunstobjekt erhoben wurde, die Fälschung zum Original. Der Zweifel kommt erst auf den zweiten Blick und im Vergleich: Hat man den Morning Room gesehen mit seiner Ausstattung des 17. Jahrhunderts, dann sind die Balken in den Räumen nebenan mit einemmal zu akkurat, und noch die Holzkassetten an den Wänden lassen leicht das Lineal erkennen.

Ganz anders Knole: »We don't restore, we just conserve«, erklärt uns unsere Begleitung programmatisch. Die schweren Dielen, dunkel von den Jahren, sind von alten Schrammen wie genarbt, die Planken haben Löcher oder Risse, aber im Glanz spiegeln sie die Pflege wider, die man ihnen hier gewährt. So scheinen die Jahrhunderte in Knole bis in den Augenblick der Gegenwart hinein.

Nur der Roman »Orlando« selbst ist Opfer der Vergänglichkeit geworden. Virginia Woolf hatte das Manuskript ihrer Freundin geschenkt. Es blieb auch späterhin in Knole, wohin es denn auch mehr gehört als an jeden anderen Ort. Noch vor ein paar Jahren sahen wir es so am Anfang der Visite. Doch die purpurrote Tinte droht inzwischen völlig zu verblassen, und wenn man es dereinst noch einmal in der Großen Halle wiederfindet, dann womöglich als Kopie. Es wäre, paradox genug, in diesem Haus die erste.

Ein Raum für sie allein

Virginia Woolf und Monk's House in Rodmell

Nach den alten Reiseführern sind wir hier so gut wie aus der Welt, am Fuß der Downs, der Kreidehügel nah am Meer, doch auf der Seite, die der Küste abgewandt ist, am breiten Bett des River Ouse, dort wo der Fluß bei Flut stromaufwärts durch die Wiesen treibt, an Piddinghoe vorüber, Southease, Rodmell – bis nach Lewes: »Farms and stacks and thatches« versprach einmal der Sussex-Band von Arthur Mees »King's England« seinen Lesern. Das ist noch heute so wie damals, 1937, die kleinen Bauernhäuser sind dieselben, die kieselhellen, buckligen Feuersteinmauern, die Fachwerkwände, die zum Wetterschutz mit roten Ziegelpfannen bedeckt sind, die holzverschalten, weißen Cottages, die blassen Heckenrosen in den kleinen Gärten, sogar die Heuschober sind noch zu ahnen, nur die strohgedeckten Dächer werden seltener. »Wenn erst der Abend kommt, bist du allein«, schrieb E. V. Lucas in seinen »Highways and Byeways in Sussex«, »und nur das Blöken der Schafe und der Sirenenton der Fährschiffe erinnern noch an Leben und Zivilisation.« Die Schiffe haben wir in Newhaven gesehen, wo das Geschäft mit den Konvoys der Sattelschlepper und der Reisenden aus Frankreich die Misere hinter seinen Backsteinfronten mühevoll verdeckt: Die Arbeitslosenrate hat hier schon einmal das halbe Hundert überschritten. Die kleine Straße, die nach Norden führt, hieß einmal A 275, jetzt hat sie keinen Namen mehr, seit es jenseits des Flusses die A 26 gibt. Von Piddinghoe bleibt uns der drollige Rundturm der Kirche, auch Southease hat solch einen runden Turm, den es in Sussex nur noch einmal gibt, in Lewes; an den grünen Kreidehängen sehen wir die Schafe, in den Ufermarschen nah am Fluß das Vieh. In

Rodmell an der kleinen Tankstelle verlassen wir die stille Durchgangsstraße und rollen abwärts durch das enge Dorf, fast bis ans Ende bei der Kirche. Hier legen wir die Reiseführer weg, denn hier ist literarisches Terrain: Monk's House, das Heim von Virginia Woolf. Hier lebte sie mit ihrem Mann von 1919 bis zu ihrem Tod im Fluß im Frühjahr 1941, übers Wochenende und auch unter der Woche, meist im Wechsel mit den Londoner Adressen. Bei seinem Tod im Jahre 1969 hatte Leonard fünfzig Jahre mit Monk's House gelebt. Und in seiner Autobiographie gab er noch 1967 den alten Reiseführern Recht: »Der Blick über den River Ouse auf die Höhenrücken der Downs ist seit Chaucers Tagen unverändert geblieben.«

Das stimmt nicht ganz, nicht weit entfernt, am Fuß der Hügel gegenüber, liegt eine staubige Zementfabrik und beißt sich aus dem Grün ein weißes Stück heraus: »Verdammte Scheißkerle«, schrieb Virginia Woolf bei Baubeginn 1932 in einem Brief, und nur die trügerische Aussicht auf die Pleite jener Firma ließ sie beide bleiben. Doch ansonsten ist die Gegend unverändert, die Kirche hinterm Haus bewahrt auch nach der Restaurierung die alten normannischen Formen, und im Innern von Monk's House wachen die rührigen Damen des National Trust darüber, daß auch künftig alles bleibt, wie es war – ein Arbeitsplatz, ein Wohnhaus, aber kein Museum. Ein Teil des Hauses ist bewohnt, ein Opernsänger aus dem nahen Glyndebourne lebt in den kleinen Räumen oben und teilt sich Mittwoch nachmittags und sonnabends die Küche mit dem National Trust. Doch gerade so bleibt die Erinnerung an die wohl größte Dichterin in unserem Jahrhundert lebendig.

Am Donnerstag, dem 3. Juli 1919, notierte sie in ihrem Tagebuch: »Monk's House gehört uns auf immer«. – Und setzte in Klammern hinzu, wie unterdrückten Jubel: »Dies ist fast das erste Mal, daß ich diesen Namen schreibe, den ich hoffentlich viele Male schreiben werde, bevor ich ihn satt habe«. Mag sein, daß sie in ihrer Haut nie recht zu Hause war, am Ende war sie es nicht einmal in der Welt. Doch zu wohnen und »sich einzurichten« in mehr als bloß einer Bedeutung des Wortes, war ihr wie Ersatz dafür. »Ein Zimmer für sich allein«, heißt eines ihrer Bücher, ein Pamphlet gegen die untergeordnete Stellung der Frau. Ihre Tagebücher sind uns nun die besseren Begleiter zu ihren Stätten auf dem Lande als die besten Reiseführer.

Monk's House war das dritte Haus der Virginia Woolf in den Downs – und blieb ihr letztes. Nach wiederholten, langandauernden Zusammenbrüchen und einem wochenlangen Klinikaufenthalt im Sommer 1910 hatte sie in Firle zum erstenmal ein Haus für sich allein gemietet, weit genug entfernt von London. Nicht einmal ein Jahr später fand sie mit Leonard Woolf beim Wandern in den Downs ihr Traumhaus: Asheham. Als ihnen das gekündigt wurde, 1919, bemerkte sie in ihrem Tagebuch: »Oh je oh je!«, und setzte, voll Einsicht, hinzu: »L. meinte, es brauchte nicht viel, um aus einem Haus einen Fetisch zu machen; was stimmt; in der Zwischenzeit hängen wir in der Luft.«

Seit 1916 wohnte ihre Schwester Nessa, Vanessa Bell, in der Nähe in Charleston Farnhouse nahe Firle, mit Liebhaber und Ehemann, im ständigen Kontakt mit alten Künstlerfreunden aus der Zeit in Bloomsbury. »Wir waren eine Familie, während sie ein Paar waren«, schrieb später Angelica Garnett, Vanessas Tochter, über die Woolfs. – »Sonne und Mond« hat Hilde Spiel – wie andere zuvor – die beiden schönen Schwestern genannt, die ungestüme, hemmungslose ältere und ihre bleiche Schwester, die wie ein Seismograph auf alle Schwankungen in der Familie mit Wahnsinnsschüben reagierte und die in der liebevollen Ehe ohne sexuelle Lustempfindung und -erfüllung ihrem Namen eine tiefere Bedeutung gab, als wäre er tatsächlich ein Programm: Virginia, die Jungfräuliche. In Charleston hatte sie Familienkontakte, wenn ihr einmal danach war.

Nach allerlei Versuchen, abermals ein Haus zu mieten, kaufte sie in Lewes ungesehen einen alten Mühlenturm, und als die Woolfs ihn sich besehen wollten, entdeckten sie bei einem Auktionator den Hinweis »Grundstück 1, Monk's House, Rodmell. Ein altmodisches Haus inmitten von dreiviertel Acre Land bezugsbereit zu verkaufen.« In Lewes an der High Street im White Hart Hotel, wo wir zuvor beim Lunch saßen, einem alten, stilbewußten Coaching Inn, erhielten sie für siebenhundert Pfund den Zuschlag – »ich mit purpurroten Wangen & L. zitternd wie Espenlaub«. Am ersten September zogen sie ein, zwei Wagenladungen brachten die nötigen Sachen, die Bücher hatte Leonard zu Packen fest verschnürt. Eine Woche später begann Virginia nach langer Pause ein neues Tagebuch und schrieb aufs Titelblatt: »Monk's House. Rodmell. 7. Sept. 1919«.

»Es ist ein unprätentiöses Haus«, so hatte sie zuvor notiert, »lang & niedrig, ein Haus mit vielen Türen; auf der einen Seite an die Straße von Rodmell grenzend, & an dieser Seite holzverschalt, obwohl die Straße von Rodmell an unserem Ende nicht viel mehr als ein Weg für Fuhrwerke ist, der auf die flachen Sumpfwiesen hinausführt.«

Daran hat sich nichts geändert, die weißlackierte Wetterseite gibt auch heute keinen Hinweis auf das Innere, und trotz der kleinen Eingangspforte treten wir, wie die Besitzer, von der Gartenseite her ins Cottage. Das Wohnzimmer mit tiefer Balkendecke und rotem Fliesenboden ist mit schlichten Möbeln ausstaffiert, manche sind bemalt, Arbeiten aus Charleston wie der Tisch und die vier Stühle von Vanessa Bell und Duncan Grant, dem Vater ihrer Tochter Angelica, Virginias Nichte. Die Wände sind in einem hellem Grün gestrichen, das ins Türkis hinüberspielt. »Die Farbe Grün kommt mir in den Sinn, wenn ich an dieses Haus und den Garten denke mit seinen gewundenen Feigenbäumen und seinem weiten Rasen und dem Blick auf die Flußauen«, so erinnert sich Angelica Garnett: »Grün war die Farbe Virginias.« Als junges Mädchen hatte sie einmal mit einem selbstgenähten Kleid aus grünem Möbelstoff ihren vierzehn Jahre älteren Stiefbruder George provoziert, der sich nach dem Tod der Mutter eine Erzieherrolle angemaßt hatte. Grün, für das man sie in der Familie belachte, war das Eigene, das sie nach außen hin behauptete.

Der kleine Eßraum schließt sich an die Küche, die nur halb zu sehen ist; die Räume oberhalb sind dem Besucher ebenfalls verschlossen. Virginia Woolfs Schlafzimmer ist an die Außenwand gebaut, kann – und konnte – nur vom Garten her betreten werden. »Ich mußte immer daran denken, wie unangenehm es war, bei Regen hinaus zu müssen, um ins Bett zu gehen«, so erinnerte sich später Louie Mayer, die seit Mitte der dreißiger Jahre Köchin bei den Woolfs war. Vieles hatte nach dem Einzug noch verändert werden müssen. Am Anfang hatte es im Haus kein Bad gegeben, kein warmes Wasser, kein W.C. Und der geheimnisvolle Name »Monk's House« war vermutlich nur der Einfall eines früheren Verkäufers, um dem Cottage mehr als seinen bäuerlichen Reiz zu geben: Mönche sind in Rodmell nicht belegt.

1925 nahm sich die Hausherrin fest vor: »Ich will in diesem Sommer mit Schreiben dreihundert Pfund verdienen und in Rodmell ein Bad und heißes Wasser installieren lassen.« Und mit ihren »Essays« und »Mrs. Dalloway« nahm sie tatsächlich soviel Geld ein, daß sie den Umbau zahlen konnte. Dennoch blieb es ein einfaches, schmuckloses Haus, und noch im kalten Winter 1940 schrieb sie: »Es bläst ein schneidender Wind, scharf wie eine Sense, der Teppich im Eßzimmer ist steif wie aus Gußeisen.« Das neue Badezimmer lag über der Küche; anfangs glaubte Louie Mayer, daß Mrs. Woolf dort oben lange Selbstgespräche führte, bis sie erfuhr, daß sie doch nur die Sätze sprach, die sie zur Nacht geschrieben hatte. Sie wollte hören, wie sie klängen.

1929, als im Oktober »Ein Zimmer für sich allein« erschienen war, hatte sie tatsächlich ihr Zimmer bekommen: Der Anbau mit dem Schlafzimmer war fertig, in dem sie, statt zu schlafen, häufig schrieb. Regelmäßig fand die Köchin hier den Boden mit Papier bedeckt, so wie im ganzen Haus, Blatt um Blatt geschichtet, oftmals mit denselben Sätzen.

Hier finden wir auch ein Regal mit Büchern, meist neue Ausgaben und Übersetzungen ihrer Romane. »Das Haus muß einmal bis zum Rand mit ihnen voll gewesen sein«, erklärt die Dame vom National Trust. »Aber nach dem Tod von Mister Woolf wurde alles verkauft.« Schon zu Beginn des Krieges waren die Woolfs ganz nach Rodmell gezogen, und nach den Luftangriffen, als ihr Haus in London von einer Bombe getroffen wurde, brachten sie die Möbel und die Bücher hier in Sicherheit und lebten nun mit Suchscheinwerfern auf den Hügeln und der Sorge vor der Invasion. Einmal schlug eine Bombe in der Nähe ein, so daß die Scheiben klirrten.

Der Garten, der vom Haus zur Kirche ansteigt, war das Reich von Leonard, für den ein Nachbar aus dem Dorf die Gärtnerarbeit tat. In den ummauerten Gevierten, vermutlich Resten alter Schweinekoben, wuchern dichtgedrängt die Pflanzen. »Das Grün der Grasnarbe mit den Büscheln purpurfarbener japanischer Anemonen ist mir immer vor Augen«, heißt es im Tagebuch. Weiter oben folgt die Obstbaumwiese und der Rasen für das rituelle Boulespiel der Familie an Besuchstagen, unterhalb der Küchengarten.

Später kam die weiße Lodge nahe der Kirche dazu, ein Pavillon aus Holz, damals halb so groß wie heute. Hier hat man für die Besucher Bilder ausgestellt, Vergrößerungen aus dem Album der Woolfs, und im kleinen Raum daneben steht noch immer, wenn auch hinter Glas, ihr Schreibtisch, einfach, schnörkellos und groß, mit einer Brille, Federhaltern und dem blauen Schreibpapier, das sie für ihre Manuskripte nahm. – »Ach, diese tausend Hilfsmittel, die es braucht, um auch nur einen Satz zu schreiben!« so hatte sie in den ersten Tagen in Rodmell geschrieben. Die Quälerei und Lust zugleich, »die Jungfräulichkeit eines Blattes Papier zu zerstören«, blieb ihr bis zum Ende.

Schreckvisionen, Angstträume und Wahnvorstellungen begleiteten das Schreiben immer wieder und mehrten sich, wenn eine Arbeit fortgegeben wurde, an den Leser. Dazwischen gab es immer wieder glückliche Momente; viele, die sie kannten, berichteten von ihrer Heiterkeit, von ihrer Spannkraft, ihrem Lachen. »Es war ein sehr lustiges Haus«, schrieb Nigel Nicolson, der Sohn ihrer Vertrauten Vita Sackville-West, später über Monk's House. Doch die Angst, verlacht zu werden, trieb sie auch bei ihrem letzten Manuskript im späten Winter 1941 in die Krise. 1915, als die Woolfs in Richmond lebten, hatte es in ihrer Nähe drei Tote in der Themse gegeben. »Begünstigt das Wetter Selbstmord?« hatte sie in ihrem Tagebuch gefragt, 16 Monate nach ihrem Suizidversuch, und hatte noch ein allgemeines Urteil über das menschliche Leben angefügt: »Ich war immer der Meinung, wir bewerteten es unsinnig hoch.«

Am 28. März 1941 schrieb sie in einem Brief an Leonard, sie fühle, daß sie diesmal nicht genesen werde. Und: »Ich kann Dein Leben nicht länger ruinieren.« Dann ging sie in den Fluß, mit schweren Steinen in der Jackentasche. Sie war 59 Jahre alt geworden. Da der River Ouse bei Flut stromaufwärts treibt, fanden Kinder sie erst 14 Tage später. »Es war das Schrecklichste, was ich je erlebt habe«, sagte Louie Mayer.

Ihre Asche wurde ebenso wie später die von Leonard im Garten verstreut. Zwei Ulmen standen anfangs hier als Denkmal. Die erste fiel in einem Sturm im Jahre 1943, die zweite ging wie viele auf der Insel beim großen Ulmensterben ein, Mitte der achtziger Jahre. Zwei Büsten stehen jetzt umwachsen von Efeu zur Erinnerung, ein Abguß der berühmten Arbeit Stephen Tomlins, der die Porträtierte älter machte, als sie 1931 war, und die Büste ihres Mannes aus dem Jahr vor seinem Tod. Doch das einzige, was wirklich haltbar ist, hat Nigel Nicolson benannt, ihr Schaffen: »Man reichte ihr eine winzige Information, die so unaufregend wie ein Klumpen Blei war. Was sie zurückgab, glitzerte wie Diamanten.«

Ein Traum von Orient an Englands Küste

Brighton und sein Royal Pavilion

Brighton glänzt türkis und weiß in frischen Farben, und der Delphin, das Wappentier des Ortes, tummelt sich im Stadtbild frohgemut und frisch lackiert. Wenn sich Margret Thatcher je nach einem Denkmal ihrer Amtszeit sehnen sollte: Brighton wäre dafür wie geschaffen. Mochten in den Achtzigern auch die Probleme auf der Insel immer größer werden, mochte auch das morsche innere Gerüst der britischen Gesellschaft schon bedenklich knarren: Draußen wuchsen die Gerüste für den Boom. Und vor allem wuchsen sie in Brighton: Die ganze Küstenpromenade auf und ab, vom Kingsway zum Marina Drive, legten die Fassaden Optimismus auf. Jetzt strahlen die Gesamtkunstwerke der *terraces* und *crescents* mit den auf Wirkung angelegten Fronten wieder wie zur Zeit des Regency zu Anfang des 18. Jahrhunderts. Und ins nächste ging Englands Seebad Nummer eins nun immerhin geliftet.

Natürlich sind die Kleinen-Leute-Viertel mit den handtuchschmalen Reihenhäusern auf den Hügeln um das alte Viadukt der Eisenbahn noch da, verschwunden sind nur häufig die Bewohner: Ungezählt hängt an den Erkerfenstern die Parole rot und weiß: »For Sale«. Doch seit sich die A 27 als Stadtumgehung in die grünen Kreidehügel eingeschnitten hat, muß da niemand länger durch.

So ist die Stadt denn heute mehr denn je, was sie schon immer war: Londons Lunge – oder einfacher »London-on-Sea«. Bistros, Boutiquen und Designerläden hier wie dort, die großen Warenhäuser sind dieselben wie an Londons Oxford Street, die roten Busse ebenso, und auch der Trouble mit den Drogen ist derselbe, wenn er an der Schmugglerküste nicht noch größer ist.

Als Denkmal hätte Maggie Thatcher Brighton allerdings zu teilen mit dem, der »Everybody's Town« den Briten einmal an ihr Herz gelegt und den ein Kritiker trotz allem doch wie folgt beschrieben hat: »Ein Libertin, der bis über beide Ohren in Schuld und Schande verstrickt ist, ein Mann, dem familiäre Verantwortung ein Greuel ist, ein Kumpan der Demimonde, ein Mann, der über ein halbes Jahrhundert gelebt hat, ohne seinem Volk auch nur ein einziges Mal Anlaß zur Dankbarkeit gegeben zu haben, ein Mann, der keinen einzigen Grund hat, den Respekt der Nachwelt einklagen zu wollen.«

Gemeint war immerhin ein König, George IV., als Thronfolger und Prinzregent ein fetter Prasser und flagranter Schuldenmacher, der erst mit 57 Jahren den Thron des Vaters wirklich übernahm. Nicht auszumalen, nebenbei, was aus »Prinny«, wie ihn seine Freunde im Milieu stets nannten, wohl geworden wäre, wenn es damals schon die *Sun* und überhaupt die ganze *yellow press* gegeben hätte, die sich heute mit Charles, Camilla oder Fergie zu begnügen hat.

Und doch: Im Teesalon des Royal Pavilion, jener unvergleichlichen baulichen Bizarrerie im Herzen der Stadt, hängt die Wiedergutmachung als allegorisches Gemälde an der Wand: Ein wohlgenährter Herr mit Römerkopf, Flügeln auf dem Rücken und Hosenbandorden am Po, beugt sich hinab zu einer hingestreckten bloßen Schönen, darunter klein der Hinweis: »Allegory. H. R. H. The Prince Regent awakening the Spirit of Brighton.« – Das ist, wenn auch nicht ernst gemeint, doch eine köstlich-königliche Pointe: Der Prinz als Putte, der den Geist von Brighton aus dem Schlummer holt. Es war der letzte Spaß des Engländers Rex Whistler, sein letztes Bild. Er fiel bei der Landung in der Normandie im Juni 1944.

Der Prinz of Wales war bald nach seinem 21. Geburtstag, 1783, zum ersten Mal hierher gekommen. Da hatte Brighton auch schon einen Namen, wenn auch einen anderen: Brighthelmstone hieß das Fischernest, wurde auch mit diesem Namenswort als »Brighton« ausgesprochen und stand als Seebad schon dreißig Jahre in gutem Ruf. 1750 hatte Richard Russell, ein Doktor aus dem nahen Lewes, ein Loblied auf das segensreiche Meerwasser geschrieben, anfangs auf latein, für die Kollegen. Wenig später folgte eine populäre Übersetzung (»Dissertation Concerning the Use of Sea Water in Diseases of the Glands«), und bald darauf zog Russell seiner eigenen Empfehlung hinterher, um an der See die Früchte seiner Arbeit selbst zu ernten. Seit 1755 füllte man »Brighthelmstone Water« auch in Flaschen und verkaufte es nach London.

Brighton wurde Englands erster großer Badeort. Das unvertraute Schwimmen überließ man lieber noch den Fischen, doch in fahrbaren *bathing machines* gab man sich im Flachen bald der Kunst, Erfahrung und Verschwiegenheit des *bathers* oder *dippers* hin: zum Besten der Gesundheit – und alles in »a proper distance from the shore«, wie ein Reiseführer von 1794 nebenbei bemerkt.

Das freilich tat man auch in Weymouth, Margate oder Worthing. Zu Brighton wurde Brighthelmstone erst durch seinen Prinzen. Der sah sich schon bei seinem zweiten Aufenthalt im Juli 1784 nach einer Bleibe um und wohnte bald im Marlborough House »on the steyne«, dem Dorfanger von einst, der noch heute als »Old Steine« das quirlige Zentrum der Stadt ist.

1784 war er noch von London im Galopp hierher geritten – und gleich darauf zurück: beides in zehn Stunden. Gehorsam überlieferte die Presse seine Eskapaden: »On Monday, June 27, His Royal Highness amused himself on the Steyne for some time …« Ihm war an diesem Tag nach Taubenjagd, so schreibt die Zeitung weiter, »but with what result we have not heard«. Sicher wußte die Presse nur, daß His Royal

Highness eine Reihe Schornsteine am Haus des Ehrenwerten Mister Windham demolierte.

Der Prinz war so vernarrt in seine Sommerfrische, daß er sich in seinem Schlafzimmer mit Spiegeln noch vom Treiben auf der Straße überzeugen wollte. Dafür zeigte man sich draußen interessiert an seinem Schlafzimmer: 1785 ging er heimlich eine skandalöse Ehe ein mit einer jungen Katholikin und zweifachen Witwe, Mrs. Mary Fitzherbert, zehn Jahre später heiratete er abermals, diesmal standesgemäß die Cousine, und unvergessen ist sein Wort, als er sie erstmals sah: »I am not well, pray get me a glass of brandy.« Auch die Hochzeit stand er nur im Alkoholrausch durch; sie brachte ihm Erleichterung von seinen Schulden, die sich auf sechshunderttausend Pfund Sterling beliefen, ehe er sich bald darauf als Vater einer Tochter wiederum vom Ehejoch befreite und nach allerlei Affären Mrs. Fitzherbert aufs neue zu sich nahm.

Seit 1787 hatte George ein Haus in Brighton: Marine Pavilion, den schnörkellosen Vorgänger des späteren Palastes. Der vermochte auch nach Erweiterungen nicht mehr lange, ihm zu genügen – zumal seit 1804 die Royal Stables und die Riding School des Baumeisters William Porden ein neues Zeichen gesetzt hatten: Indien war angesagt als neuer Traum vom Lebensraum. England war in jenen Jahren abgeriegelt von Napoleon, die Tradition der »Continental Tour« des Adels unterbrochen, jetzt kam man selten weiter als bis Brighton, das damals wegen seiner guten Postkutschenverbindung mit der Hauptstadt Englands Hauptfährhafen war. Und eben hier, zur selben Zeit, da Coleridge im Rausch den Orient beschwor, entstand nach Plänen von Repton und Nash das Lust- und Luftschloß des Prinzregenten. Es wurde die Geburt der Chinoiserie aus dem Zeitgeist der Klaustrophobie, standesgemäß, aber teuer.

Nur weil sein Vater schon in geistiger Umnachtung lebte, fand der vierte George als Prinzregent den

Zugang zu den Mitteln, daß am Ende auch der Dichter Byron reimte: »Shut up – no, not the King but the Pavilion, / Or else twill cost us all another million«. George saß schon auf dem Königsthron, als seine Fliehburg schließlich fertig war, so heißt sie noch heute The Royal Pavilion, und sieht auch heute noch so aus wie bei der Fertigstellung 1822 – in manchem wie das Schloß von Kubla Khan in Xanadu aus Coleridges Gedicht: »The shadow of the dome of pleasure / Floated midway on the waves«. Zwar grünt in Brighton alles rings um den Palast, doch ein kleines Becken zwischen den Rabatten macht es möglich: Wenn man sich nur tief genug hinunterbeugt, sieht man die ganze bengalische Muselmanie mit ihren Schornsteinminaretten und Zwiebeltürmen kopfunter im zitternden Wasser. Der König weinte, als er seinen Traum zum ersten Mal betrat.

Viel Glück war ihm indessen nicht beschieden. Verfettet und von Gicht und Wassersucht geplagt, blieben ihm keine vier Jahre in seinem Maharadsch Pavillon am Ärmelkanal, am 6. März 1827 verbrachte er dort seine letzte Nacht, 1828 stellte man ihm gegenüber noch ein Denkmal auf, 1830 starb er auf Windsor Castle. Sein Bruder, der ihm als William IV. auf den Thron folgte, da die Tochter schon zuvor gestorben war, hatte andere Vergnügungen im Sinn als Brighton. Nur die gußeisernen Sockel der Straßenlaternen rund um den Palast erinnern heute noch an ihn mit ihren Initialen: WR IV. Dafür steht Victoria verdrossen auf dem Denkmalsockel jenseits der Straße im Grün der Victoria Gardens. Sie zeigte nur wenig Geduld mit dem goldenen Käfig des Onkels, 1845 hatte sie genug vom »Pöbel, der bis in die Gemächer stiert und den ganzen Ort in ein Gefängnis verwandelt« und reiste fortan auf die Isle of Wight. 1850 ging der ramponierte Palast für eben mal ein Zehntel seines Preises an die Stadt: fünfzigtausend Pfund. Und auch dabei nur mit einer Stimme Mehrheit, wie es heißt.

Mochte »Prinny« auch ein Makel für die englische Geschichte sein: Für Brighton brachte er den Durchbruch. In den etwa vierzig Jahren seines Wirkens oder Wirbelns wuchs die Stadt von 3600 Einwohnern (1780) auf 21.429 (1821). Heute hat sie, vereint mit dem Nachbarort Hove, rund eine Viertelmillion, doch immer noch dasselbe Herzstück: den spleenigen Serail des Prinzregenten. Nach einer Brandstiftung im Jahre 1975 war er gerade wiederhergestellt, als der Jahrhundertorkan vom 16. Oktober 1987 eines der Minarette durch das Dach warf und für neuen ungeahnten Schaden sorgte. Noch einmal waren mehr als tausendundein Arbeitstag vonnöten, um den Traum von tausendundeiner Nacht abermals zum Leben zu erwecken.

Drinnen schreiben wir den 15. Januar 1817: So steht es auf der Speisekarte in der Küche. Schweinehälften hängen an der Wand, Geflügel steckt am Spieß, Fasane, Gänse, Schwäne liegen da, bereit, gerupft zu werden, auch die Pfannen, Töpfe und Tiegel für die 36 Vorspeisen stehen griffbereit. Nebenan im Bankettsaal ist schon der Tisch gedeckt, hier ragt eine üppige Bananenstaude, halb nur gemalt und halb aus Kupfer getrieben, hinauf in die Kuppel des gläsernen Himmels; ein Drachen, der die Lüster und die Blütenampeln hält, Schnitzereien, Vorhänge und Wandverkleidungen und 22.000 glitzernde Kristalle komplettieren diese Dschungelphantasie. Hier ist Natur zu Farbe und zu Eisenguß erstarrt – vom Krokodilsfuß im Salon bis hin zum Blätterwald im Korridor und von der Palme bis zum Bambus der Geländer. Das ganze morgenländische Palais liegt im Dornröschenschlaf, sogar die Kerzenflammen scheinen wie im Schlummer: Sie leuchten, doch sie flackern nicht. Ein profitabler Hang zur Chinoiserie beherrscht sogar den Souvenirshop ganz am Ende der Visite: Die Zwiebeltürme sind jetzt Pfeffermühlen; und häufig trägt der königliche Kitsch den Nachweis »Made in Hong Kong«.

Das Jahr von Georges Abschied war das Wendejahr für Brighton. Als sich der gönnerhafte Genius der Stadt aus dem gewachsenen Gewühl zurückzog, 1827, rückten seine Untertanen nach und richteten sich trefflich ein. 1827 schrieb Fürst Pückler auf der Reise lobend seiner Frau, daß die Stadt »mit ihren breiten Straßen den neuesten Quartieren Londons ähnlich« sei. John Constable, der Maler, vermißte um dieselbe Zeit schon Brightons eigentümliche Motive: »The beach is only Piccadilly by the seaside«. Und sah zuletzt, so höhnte ein Satiriker, nicht auch der Königliche Pavillon so aus, als hätte die berühmte Kuppel von St. Pauls am Meer bloß einen Haufen Junge geheckt?

Im September 1841 kam die Eisenbahn von London, Brighton wurde vollends, was es schon im Vers von 1813 war, »The Queen of Watering Places«, auf einem Tagesausflug zu erreichen, am Wochenende sowieso: Der schwüle Dunst der vielzitierten *dirty weekends* gab dem frischen Küstenklima seinen unverwechselbaren Beigeschmack. Und ein Satz aus Thackerays Roman »Die Newcomes« verlieh dem allem um dieselbe Zeit sein Motto: »Kind, cheerful, merry Dr. Brighton«.

Man amüsierte sich auf seinen Piers, von denen nur der älteste, der Chain Pier von 1823, tatsächlich eine Schiffsanlegestelle war; man flanierte wie Fürst Pückler meilenweit am Meer entlang, besuchte das Aquarium von 1872 oder reiste zitternd mit der unerhörten Eisenbahn des Magnus Volk von 1883 längs des Strandes, nach 1896 gar bis an das hübsche Dörfchen Rottingdean heran, das letzte Stück auf über sieben Meter hohen Stelzen durch das Wasser: Daddy Long Legs hieß die Linie, sie wurde schon vier Jahre später wieder aufgegeben. Die Gunst des Zufalls hatte Mister Volk indes mit Cleverneß genutzt: Seine Bahn trug vorneweg die königlichen Initialen, als führe sie tatsächlich »by Appointment to Her Majesty the Queen«. Indes ein Schuft, wer Schlechtes dabei denkt: Gemeint war nicht »Victoria Regina«, sondern bloß »Volk's Railway«.

Beharrlich ließ Victoria die Stadt ihr Leben lang links liegen, und doch ist Brighton heute auf den ersten Blick eine viktorianische Erscheinung. 1901, beim Tod der Königin, zählte es schon 120.000 Einwohner. Der Schriftsteller Sir Osbert Sitwell nannte Brighton gar das »Opfer einer viktorianischen Elephantiasis«.

Heute ist hier alles beieinander, postmodern: The Lanes, ein quirliges Gewirr von Gassen, aus dem die Stadt erwachsen ist, wirkt wie ein raffiniert getarntes Shopping-Centre für alles, was das Leben schöner macht; was man für den Alltag eher nötig hat, das gibt es an der Western Road bei Boots und Marks & Spencer und McDonald's. Die *terraces* und *crescents* aus der Gründerzeit des Regency liegen in der Stadt verstreut. Und fern im Osten schließt sich die Marina an, Europas größter Hafen, der von Menschenhand angelegt wurde, mit Raum für zweitausend Yachten, ganz neu, ganz teuer und doch noch nicht ganz integriert ins Bild der Stadt. Denn das zeigt lieber längs der Uferpromenade die vielen liebgewonnenen und wohlverwahrten Victoriana. Da ist das große Metropole Hotel von 1889, noch immer eins der feinsten Häuser in der Stadt, doch lange mit dem Ruf des häßlichsten behaftet, der roten Ziegelsteine wegen: Sein Architekt hieß Alfred Waterhouse, so taufte man ihn kurz entschlossen um der Rache und des Reimes willen »Slaughterhouse«. Daneben gleich das Grand von 1864, wo sich die Diener immer noch im Gehrock und Zylinder um die Fahrzeuge der Gäste kümmern. 1984 richtete die IRA bei einer Konferenz der Tories hier mit einem Bombenattentat ein Blutbad an. Heute strahlt das Grand in neuem Glanz, und der Süden ist *true blue* wie zu Maggie Thatchers bester Zeit.

Und da sind zuletzt die Piers, auch sie zwei Wahrzeichen der Stadt, die mehr als diese beiden hat, und beide miteinander wohl auch Brightons Sinnbild: Der einstmals elegante West Pier aus dem Jahre 1866, nah am Grand gelegen und für die feineren Vergnügungen bestimmt, ist seit 1975 ruinös und jedem Publikum verschlossen. Dann schlug der Sturm von 1987 das Wrack auch noch in Stücke, und so steht es halb verfallen da, eingehüllt in Stacheldraht und Rost, und warnt mit »Danger!«-Schildern vor sich selber: Alles bloß Vergangenheit auf Stelzen, die auch mit genügend Geld nicht noch einmal in Zukunft zu verwandeln wäre.

Denn die Zukunft sähe wohl so aus wie auf dem Palace Pier die Gegenwart. Als der Chain Pier 1896, ebenfalls im Sturm, zertrümmert wurde, wuchs nebenan schon Brightons dritter Pier. Ein Hauch von billigem Vergnügen und Erfolg gehört zu ihm seit 1899: »Welcome to the World famous Palace Pier«, heißt es über dem Portal: »Admission free.« Drinnen auch am Mittag Dämmerlicht und Automatenlärm, Geschiebe zwischen Monitoren mit Fußball, Slotmachines und Wechselautomaten. Hier ist Soho-on-Sea, das Reich der »Pinball Wizards« aus dem Song von »The Who« von 1969: »Ever since I was a Young Boy / I played the silver Ball, / from Soho down to Brighton / I must have played them all ...«. Doch typischer noch als die Flipper sind die schillernden Schneewittchensärge, in denen breite Schieber Berge von Zehnpennystücken über eine Kante drücken, dem entgegen, der sie füttert. Alles, was jetzt in den Silberschacht hinunterfiele, käme an den glücklichen Gewinner, aber meistens schiebt es sich nur ineinander, durcheinander, aufeinander, türmt sich hoch und lockt aufs neue.

Dem West Pier hatte Graham Greene noch 1938 ein literarisches Denkmal gesetzt: »Brighton Rock« hieß sein Roman, »Am Abgrund des Lebens« auf deutsch. Da hatten Ort und Titel gleichermaßen allegorische Bedeutung, denn »Brighton Rock« meint eine steile Kreideklippe vor der Stadt wie jene Sorte dicker, billigbunter Zuckerstangen, die am jedem Kiosk feilgeboten werden: Verführung und Gefahr in einem – wie der Pier. Und ist denn nicht der Palace Pier mit seinem schrillen Angebot ein Sinnbild für die Thatcherzeit: Der Traum vom schnellen Geld auf unsicherem Grund?

Auf den Walbuckeln grasen die Schafe

Sussex' Golden Triangle

85 Leuchttürme stehen rings an den Küsten von England und Wales. Alle sind sie malerisch postiert, gut auszumachen, prächtig anzusehen. Einer kann da nur der schönste sein, und das ist dieser hier, 44 m rot und weiß im Blau vor Beachy Head, der malerischsten Kreideklippe an der ganzen Küste Englands. Das Kliff trägt seinen Ruhm schon selbstbewußt im Namen: Nichts von *beach* in Beachy Head; das Wort kommt aus der Sprache der französischen Normannen und meint *beau chef* – das schöne Haupt, die schöne Höhe.

Wir haben Eastbourne hinter uns gelassen und sind vom Pier der Uferpromenade weit gefolgt, bis alle Straßen resignieren vor den grün bedeckten Kreidehügeln der South Downs und die letzte scharf nach rechts knickt und sich irgendwo im Weiß verkrümelt. Hier bringt der Wiesenpfad uns rasch hinauf, wo schon der Wind auf uns gewartet hat. Nur Augenblicke später liegt die Stadt uns hier zu Füßen, schimmernd weiß und blau, in der Betriebsamkeit des Sonntagmorgens. Fern am Band Stand dauert das Konzert noch an: Noch immer trägt der Wind uns von der Grand Parade die Klänge irgendeiner Sergeant-Pepper-bunten Militärkapelle zuverlässig hinterher bis auf die Höhe, fast zwei Meilen weiter: »My Fair Lady«, auch schon mehr als »twenty years ago today«.

Vom Wasser wehen laute Sprachenfetzen bis nach oben auf die Klippe: Die Kommentare der Besucher zweier Ausflugsboote, unterwegs zum schönsten Küstenabschnitt zwischen Dover und Land's End, unterwegs zu uns. Sie drehen bei, und auch für uns hier oben sind es nur noch ein paar Schritte, dann können wir es selbst sehen: Das weiße Kliff, das wirklich weiß ist, während das von Dover nur so heißt, 163 m hoch, davor The Lighthouse, ihr und unser Ziel. Mit seinen 3660 t kornischen Granits steckt der Leuchtturm tief in der Kreide, 5,50 m in den Boden ragen seine Fundamente. In voller Schönheit tut er Dienst, seit 1983 automatisch, mit zwei Strahlen alle zwanzig Sekunden und 880.000 Candela – ein Licht als Glanzlicht auf dem Wunschbild einer Landschaft, die sich von hier bis Seaford Head erstreckt und wie ein Dreieck in das Innere des Landes reicht, ein kurzes Stück den River Cuckmere aufwärts.

Soviel Schönheit hat zuweilen ihre Schattenseiten: »We are in the so called golden triangle«, sagt zur Erklärung und mit Bedauern eine Wirtin nahebei in Alfriston, die dritte, die an diesem Tag, in diesem Kleinod eines Dorfes, kein Zimmer für uns hat. An den Wochenenden wird es im Sommer schwierig mit der Unterkunft, da bleibt man besser in der Nähe im großen Badeort oder weicht nach Seaford aus, in die etwas gesichtslose Kleinstadt zwischen Eastbourne und Brighton am Meer. Und wenn der Ort selbst auch keine Attraktion ist, so hat man doch von dort, vom South Hill mit der Scheune oberhalb des Golfgeländes, immerhin den besten Blick auf Englands schönstes Klippenpanorama: auf Haven Brow, auf Short Brow, Rough Brow, auf Brass Point, Flagstaff Point, auf Bailey's Brow und Went Hill Brow – kurz, auf die sieben Kreideklippen, die Seven Sisters genannt werden, weil hier sieben Hügel der South Downs zur Hälfte schon dem Meer anheimgefallen sind, sieben Mal das weiße Innere ans Licht gekehrt, Schwestern, Frauen also, allesamt beherrscht von einem Mann, dem schönen Chef von Beachy Head. – It's a man's world, vorerst nichts zu machen, Schwester!

Lewes ist nicht weit, die Hauptstadt von East Sussex, Brighton auch nur eine halbe Stunde entfernt, und auch dort, jenseits der Niederung von Newhaven, gibt es wieder weiße Klippen. Aber dort, bei

Saltdean und Peacehaven, ist die Küste schon seit 1824 dem Verkehr erschlossen, während hier das Auf und Ab am Klippenrand bei Birling Gap und Crowlink nur wandernd zu erfahren ist. Der South Downs Way, der herrliche Long Distance Path durch Sussex, inzwischen fortgeführt bis Winchester Cathedral in Hampshire, beginnt in Eastbourne, wo wir hinaufgestiegen sind, und er wartet sofort mit einem Höhepunkt auf, dem auf den nächsten hundert Meilen ungezählte folgen.

»Whale-backed Downs«, hat Rudyard Kipling das grüne Hügelland genannt, das hier so jäh, so weiß zu Ende geht. Er hat an diesen Hügeln selbst jahrelang gewohnt, von 1897 bis 1903 im schönen Rottingdean bei Brighton, im Haus »The Elms«, bevor er tiefer in den Weald gezogen ist, nach Burwash, in das alte Waldgebiet und Gartenland an der Grenze zu Kent. »The Downs are sheep, the Weald is corn«, hat er geschrieben – und darauf gereimt, »You be glad you are Sussex born!« Die »Walbuckel der Downs« – sie sehen in der Tat so aus – sind überwiegend Weideland. Bis an den Horizont rollen die Hügel; Schafe über Schafe auf den Kreidetriften, nur spärlicher Bewuchs dazwischen, Hecken, Büsche, einzig an den kleinen Flüssen sattes Grün. Hie und da ein Farmgebäude oder auch ein Dorf, ansonsten Gras, so weit das Auge reicht, nur kleine, weiße Wege dazwischen. Samuel Johnson, der Poet und Kritiker des 18. Jahrhunderts, hätte Kiplings Meinung nicht geteilt, im Gegenteil: So trostlos mochte ihm das Hügelland erscheinen, daß man sich glatt erhängen könne, wenn nur ein Baum sich fände, um den Strick daran zu binden …

Wenn jemals nennenswerte Bäume hier gewachsen wären, so wären sie im schwarzen Fachwerk aufgegangen. Alfriston ist solch ein Dorf mit malerischen Tudorbauten, mit bleiverglasten Erkern, roten Ziegeln an den Giebelseiten oder waagerechtem *weatherboarding*, weißlackierten Planken gegen Wind und Wetter. Das Örtchen liegt auf dem Ufer des Cuckmere, beherrscht von der St. Andrew's Church auf einem künstlichen Hügel der Vorzeit am *tye*, wie die Sachsen ihr *village green* nannten. Die Kirche, die mit ihrem Vierungsturm die Linden wie die Buchen ringsum überragt, wird wegen ihrer Lage und auch der Klarheit ihres frühgotischen *decorated style* gerne »The Cathedral of the Downs« genannt.

An pittoresker Schönheit wie an Alter steht ihr nebenan das Clergy House um nichts nach, vermutlich das Haus eines Pfarrers aus der Mitte des 14. Jahrhunderts. Der alterskrumme Fachwerkbau ist eingehüllt vom Blütenduft, hier gedeihen Rosen, Levkojen, Lavendel, und im Garten wachsen Erbsen, Feigen, Mohn und vieles mehr, und alles liebevoll gepflegt.

Der eigentliche Baustein in den Downs ist der Flint, der Feuerstein, so wie er in den Kreidehügeln vorkommt. Als ganzer Kiesel (*knitwork*) oder aufgeschlagen, dunkel schimmernd wie ein alter Flaschenboden, dicht an dicht im Mörtelbett verlegt als *flushwork*, findet er sich überall in Mauern und Fassaden.

Westdean zum Beispiel, von der Straße bei Exceat und dem lebhaften Parkplatz am Cuckmere durch einen einzigen Hügelkamm wie ein für allemal getrennt und halb vergessen in der Mulde, wirkt wie ein Musterkatalog der Flint-Bauweise. Die Kirche ist aus Feuerstein, das Pfarrhaus daneben ebenfalls, eins der ältesten bewohnten Gebäude in Sussex, auch das Coach House – und die ganze Mauer rundherum. Hier soll schon Alfred der Große im neunten Jahrhundert einen Herrensitz besessen haben, zumindest gönnt ihm das die englische Erinnerung, und ein Kirchenfenster soll noch aus der Sachsenzeit erhalten sein. Die Kirche selbst stammt von den Normannen, doch seither hat sich nicht mehr viel getan, und Westdean gilt als unversehrtester von allen Weilern Sussex'.

Nur eine Viertelstunde weit entfernt von Alfriston, zum Fluß hinab und gegenüber hügelan, liegt

Lullington Church, die kleinste Kirche Englands oder bloß von Sussex, keiner weiß es ganz genau, doch allemal eine der kleinsten, und wieder ganz aus Flint gebaut, mit einem Turm aus Holz. Auch Litlington hat eine Kirche aus demselben Material, und in Wilmington begegnet uns der Feuerstein schon wieder. Er wurde südlich, am Windover Hill, gewonnen, schon zur frühen Zeit der Kelten, die auch noch Spitzen für die Pfeile und Klingen aus ihm schlugen. Die Minen sind noch beim Spaziergang zu entdecken, aber hier hat längst ein größeres Spektakel den Wanderer in Bann geschlagen: die riesenhafte Kreidezeichnung des Long Man of Wilmington, das größte Abbild einer menschlichen Gestalt in Westeuropa, 73 m hoch, als Umriß weiß ins Grün des flachen Hangs gekerbt. Unverhofft erschreckt sein Abbild selbst die Eiligen am Steuer auf der A 27. Als stütze er sich links und rechts auf einen Stab, vielleicht auch an den Rahmen eines Bildes: So steht er da und gibt gelassen Rätsel auf. Woher haben seine Bildner, gleich ob es Römer waren, Sachsen oder Kelten, wohl gewußt, daß sie sein Bild auf diesem wenig steilen Kreidehang als Anamorphose anzulegen hatten, deutlich länger, als es dem Betrachter vorkommt? Und wenn er wirklich einen Heidengott verkörpert: Warum haben ihn die Mönche der Abtei in Wilmington so lange toleriert? Haben sie ihn, aller Wissenschaft zum Trotz, am Ende selbst in den Hang gekerbt, »for fun«, wie hier ein Vers besagt?

Nichts dafür ist rätselhaft an jener zweiten *chalk hill figure,* die wir gar nicht weit von hier entdecken. Da haben wir den Aussichtspunkt in Wilmington verlassen und wandern wieder einsam durch die Kalkheide am Abhang des Windover Hills. So sehen wir im Hügel gegenüber, dem Hindover Hill, das flächig weiße Pferd, das um die Mitte des vergangenen Jahrhunderts ein Farmer in das Gras gegraben hat, das einzige in Sussex, doch mit reichlicher Verwandtschaft fern in Wiltshire. Nichts, wie gesagt, ist daran rätselhaft, es sei denn das Motiv des Künstlers; denn so nahe neben dem berühmten Riesen mußte alles wie ein Plagiat erscheinen, selbst ein weißes Pferd, und hätte es auch nicht die Hinterbeine in Bewegung und seine Vorderläufe ruhig – »als ob ich Geld darauf gewettet hätte«, wie ein Spötter lakonisch bemerkt.

Wohin wir uns hier weiter wenden würden, tiefer in die grünen Hügel auf der gut markierten Route des South Downs Way oder auch zurück ans Meer: Doktor Johnson wäre uns hier nicht gefolgt. Er hielt es mehr mit der Geselligkeit und seinesgleichen: Nichts, was Menschen je ersonnen hätten, schaffe ihnen mehr Glückseligkeit als eine gute Kneipe. Das war einer seiner vielzitierten Sprüche. Genügend Wirte haben sich den seither aufs Panier geschrieben – und manche gleich auch an die Theke.

Uns fällt es leicht, die Gegensätze zu versöhnen: Nichts schöner, als in einer schönen Landschaft auf ein schönes Dorf zu treffen und schließlich auf ein schönes Pub, wo man den Abend zubringt oder auch die Zeit des Lunch. Die alten Häuser und die Menschen, die man trifft: Sie geben erst dem schönen Genrebild den ihm gemäßen Hintergrund – und, wenn man nur recht zuhört oder hinsieht, auch den Untergrund. – »Sicher«, sagt der Mann in Alfriston am Tresen, »sicher, Beachy Head ist schön, schaurig-schön, ein Paradies für Selbstmörder.« Von weither kommen manchmal die verzweifelten Ästheten, hören wir, nur um an Englands schönster Klippe sicher und stilvoll zu sterben. 16 waren es zuletzt in einem Jahr. Einige von ihnen begründen auch den zweiten Namen dieser kühnen Klippe immer wieder neu: »Lover's Leap«!

Und ob uns nebenan, gleich vor dem Star, der rote Löwe aufgefallen sei? Der stammt von einem holländischen Schiff, das vor der Cuckmere-Mündung aufgelaufen ist im 17. Jahrhundert. Niemand zweifelt daran, daß man es geplündert hat, anstatt zu helfen. Vom Wrack der Nympha Americana, 1747 vor Cadiz gekapert, zerschellt bei Birling Gap mit reicher Ladung, gibt es Drucke aus der Zeit und selbst ein Ölbild, das die Riffpiraten mit den Überresten zeigt. Ehe überhaupt die Staatsgewalt am Schauplatz – und im Bilde – war, hatten sie die Ladung, Samt und Seide, Quecksilber und Gold, schon fortgeschafft.

Und erst das Haus, in dem wir sitzen, nah am Kamin unter trockenem Hopfen, mit ausgedientem Werkzeug an den schwarzen Balken, das Market Cross House, benannt nach dem Kreuz vor der Tür, bei den Kastanien: Es rühmt sich längst schon seiner unrühmlichen Vergangenheit und nennt sich nun Ye Olde Smugglers Inne. Hier lebte Stanton Collins, bis man ihn 1831 in Lewes vor den Richter stellte: einer der großen Schufte der Branche, die gar nicht so romantisch war wie in dem »Smuggler's Song« von Rudyard Kipling: »Five-and-twenty ponies / Trotting through the dark / Brandy for the Parson / 'Baccy for the Clerk; / Laces for a lady; letters for a spy, / And watch the wall, my darling, while the Gentlemen go by!«

Auch damals lag das Dorf in einem goldenen Dreieck, tückisch wie das Dreieck von Bermuda. Hier waren manche Häuser unterhöhlt, in Litlington soll selbst der Pfarrer unterirdische Verbindung zu den »Gentlemen« gehalten haben: Im 18. Jahrhundert, zur Blütezeit des Schmuggels, als ungefähr ein Viertel des englischen Seehandels an den euphemistisch selbsternannten *free trade* fiel, war Sussex' Küste eines seiner Zentren; in Kent und Sussex war ein Viertel aller Schmuggelschiffe stationiert, ein Drittel des Tees und die Hälfte an Gin gingen hier, wenn auch unterderhand, durch die Hände, der beste Gin in London hieß damals Genuine Crowlink. Sogar am Tag, so schrieb die Zeitung damals, könne man vor Beachy Head ein Dutzend Schmugglerschiffe liegen sehen. Zweimal in der Woche trafen sich die Banden, zwei-, dreihundert Mann, bei Birling Gap und Cuckmere Haven, wo es flache Kieselstrände gab, und luden ihre Waren auf die Pferde oder drehten sie mit Winden geradewegs die Klippen hoch. Es heißt, zu jener Zeit sei auf die *runs* der Schmuggler mehr Verlaß gewesen als auf die Postkutsche nach London.

Doch es ging nicht nur um Kavaliersdelikte oder delikate Luxusgüter: Manchmal ging es auch um Geld, mit dem die Londoner Bankiers Napoleon im Kampf gegen England unterstützten. Wie immer auch Verrat zum Himmel stinkt: Geld stinkt nicht. Es war ein schmutziges Geschäft, und häßlich waren die Methoden – beiderseits. Die Strafen wurden immer härter, die Schmuggler immer rücksichtsloser, um sich noch mit letzter Härte gegen ihre Festnahme zu wehren. Bald war in Kent und Sussex ein Viertel der gesamten Küstenwacht postiert: Was heute noch an Seaford Head den Fotografen für ihr Bild der Seven Sisters als Vordergrund dienlich ist, das waren Küstenwachtgebäude. Dann endlich, 1840, setzte die Regierung ihre stärkste Waffe ein: Sie senkte per Gesetz die Steuern. Stanton Collins hatte man noch vorher deportiert, und das letzte Mitglied seiner Bande starb betagt im Arbeitshaus von Eastbourne. »Smuggling as a well-organised system no longer exists«, frohlockte 1839 die Behörde. Das war freilich weit gefehlt. Geschmuggelt wird noch immer, Heroin und Immigranten etwa, fünfzigtausend in fünf Jahren. 1981 wurde noch vor Beachy Head ein Schiff mit Rauschgift aus Panama geentert. Doch was damals aus der Welt verschwand, das war der Rest jener Räuberromantik des Schmuggelns, wie sie noch in Stanton Collins' Smugglers' Inne lebendig ist – immer noch ein Labyrinth wie damals, als es 21 Räume gab, sechs Treppen, 48 Türen – nicht gerechnet die Geheimverstecke und die Notausgänge in den Stall. Und wenn hier heute jemand gesucht wird, dann höchstens der Gast mit dem richtigen Bon für das nächste Sirloin Steak.

Mit der Kamera bis in die Seele dringen

Dimbola Lodge auf der Isle of Wight

Wir waren angemeldet, und wir waren pünktlich. Wir durften dennoch nicht ins Haus. Statt in den Räumen von Dimbola Lodge im hellen Licht des Morgens zu fotografieren, sollten wir uns erst einmal gedulden. Dort oben, hieß es, werde fotografiert, you see? Das Mädchen sei erst siebzehn Jahre alt, sie mache das zum ersten Mal, da sollten wir doch bitte warten, bis sie wieder angezogen sei!

Natürlich waren wir dann gerne so galant. Zumal es keine bessere Begründung für eine solche Bitte gab und geben kann als eben Fotos. Vermutlich ist kein zweites Haus so sehr mit der Geschichte des Fotografierens verbunden wie Dimbola Lodge, das Haus der Fotografin Julia Margaret Cameron in der Freshwater Bay an der westlichen Küste der Isle of Wight. Hier, wo die steilen, weißen Kreideklippen sich malerisch niederschwingen und den sanften Strand berühren, versammelte im letzten Drittel des 19. Jahrhunderts die selbstbewußte Cameron die geistige Elite des viktorianischen Englands um sich und brachte sie ins Bild: Ihre Fotografien gelten heute als ein erster Höhepunkt der Lichtbildkunst, nur zu vergleichen mit denen der Franzosen Nadar und Carjat, doch von einem Franzosen über alle anderen gesetzt: »Die Strahlen der Sonne hat niemand eingefangen und so zur Wirkung kommen lassen wie Sie«, schrieb ihr Victor Hugo. Und: »Ich werfe mich Ihnen zu Füßen!«

Das Wortspiel zwischen »Cameron« und »Camera« läßt mehr vermuten; doch ein schöner Zufall, weiter gar nichts, hat Mrs. Cameron im Jahre 1863 die erste Kamera beschert. Es war ein Geschenk ihrer Tochter, der Mutter zugedacht zum Zeitvertreib. Julia

Cameron war damals 48 Jahre alt, älter als die Kunst, die sie zu ihrer frühen Blüte brachte.

Geboren wurde sie 1815 in Kalkutta als Julia Margaret Pattle; ihr Vater tat dort Dienst bei der East India Company. Sie wurde in Europa aufgezogen und lernte dann, am Kap der Guten Hoffnung, den zwanzig Jahre älteren Charles Hay Cameron kennen, den sie 1838 heiratete. Zehn Jahre lang, bis 1848, lebte sie mit ihrem Ehemann in Indien, bis er im Supreme Council den Abschied nahm und zurück nach London ging. Sie wohnten jetzt in Kensington, nahe am inneren Zirkel der dortigen Künstlerkolonie, als deren Treffpunkt der Salon von Little Holland House betrachtet wurde, die Heimstatt von Julias Schwester und ihrem Ehemann Thoby Prinsep. Der Dichter Henry Taylor, der Maler George Frederick Watts, Lord Alfred Tennyson, der berühmte Dichter, seit 1850 offiziell *poeta laureatus* seiner Königin Victoria, trafen hier mit vielen anderen zusammen.

Die Tennysons lebten seit 1853 in Farringford, einem großen georgianischen Haus auf den grünen Hügeln nah den Klippen der Isle of Wight, heute ein Hotel, doch immer noch verborgen hinter Efeu. Der Dichter des »Morte d'Arthure« hatte sich vor dem eigenen Ruhm bei den Viktorianern auf die Insel gestohlen, ganz in die Nähe von Frair's Pit, wo schon einmal ein Eremit gelebt hatte. Bald freilich reisten ihm die Fans und Künstler hinterher, und was in Kensington begonnen hatte, verlagerte sich bald in die Freshwater Bay. Tennysons liebster Spazierweg führt ihn hinab ans Wasser mit den Möwen oder auf den langen Hügelkamm, auf dem der Wind die Weißdornhecken an die Erde bürstet. Tennyson Down heißt die Höhe, und am Rand der weißen Highdown Cliffs steht jetzt sein Denkmal. Als ihn Julia Cameron 1860 auf seinem Herrensitz besuchte, fand sie in der Bucht, am Rand des Wassers, zwei Cottages, die einem Fischer aus dem Ort gehörten, Jacob Long. Sie kaufte sie und fügte sie mit einem Turm nach dem romantischen Geschmack jener Jahre zusammen. Bis dahin hatte eins der Häuschen Sunnyside geheißen. Fortan hieß das ganze schlichte, aber große Anwesen mit seinen vielen Erkern und Giebeln und dem Rechteckturm Dimbola Lodge: So hießen auf Ceylon die Plantagen ihrer Familie. Sie pflanzte weiße Kletterrosen, Geißblatt und Efeu um das Haus und eine blühende Hecke davor, und als ihr jemand vorwarf, dort könne mancher leicht die Blüten pflücken, sagte sie: »Aber das sollen sie ja: Sie pflücken und sich daran erfreuen!«

Die Blumen und der ganze Garten sind verschwunden, und beinahe wäre auch noch eins der beiden Häuser abgerissen worden. 1875 zogen sich die Camerons zurück nach Ceylon, Dimbola Lodge ging an verschiedene Besitzer und wurde aufgeteilt in Cameron House und Dimbola; der eine Teil des Hauses wurde zum Hotel, der andere in kleine Wohnungen zerstückelt. Auch in England hält keine Denkmalschutzbehörde ihre Hand über baulich belanglose Häuser. Doch inzwischen gab es einen Cameron Trust, und dem gelang es 1993, mit einer Zuwendung der Foundation for Sport and the Arts, das halbe Haus zu kaufen. Nur wenig später kam das Gegenstück dazu, und seit dem Mai des Jahres 1994 wurde Dimbola Lodge, wie es jetzt wieder heißt, von Grund auf renoviert. Der japanische Kamerahersteller Olympus sah die Unterstützung als eine ehrende Verpflichtung an. Alle neuen Zwischenwände und Erweiterungen wurden abgetragen, das Haus sieht von der Raumaufteilung wieder ganz so aus wie im vergangenen Jahrhundert.

Jetzt freilich ist es ein Museum und eine Tagungsstätte mit Seminaren zur Fotografie. Als man uns schließlich einließ, ging es durch den Turm ins Innere, am Tea-Room und am Büchertisch vorbei, dann durften wir nach oben. Das Mädchen saß in Jeans und Bluse, in einen weiten Häkelumhang eingehüllt, auf einem Stuhl mit scheuem Lächeln und wußte nichts mit seiner Pause anzufangen. Mit ihrer zarten Puderblässe war kein Herrenmagazin und kein Pin-up-Kalender zu bereichern. Was hier entstehen sollte, im professionellen Mittelformat, war ganz einfach Kunst: Fotos zwischen Fotos, verschieden hinsichtlich Ästhetik, Aufwand, Technik und Epoche, verbunden nur durch diesen selben Raum.

Zwei Räume im Obergeschoß dienen jetzt als Galerie. Sie sind leer bis auf ein paar schlichte Stühle und die kleinen Messingleuchter an der Decke. Die Wände sind weiß, die Bodendielen roh und farblos. Es war noch früh an diesem Tag, so kam die Sonne fast noch von der grünen Kuppe mit dem Golfplatz herüber und legte uns die Öffnungen der großen Schiebefenster als helle Abbilder aus Licht in lauter Schatten vor die Füße. Die Kammer schien wie eine Camera obscura. An den Außenwänden war das intensive Blau des Himmels weiß gerahmt und wirkte wie ein Ölgemälde von Magritte. Ansonsten dominierten Schwarz und Weiß und einige der wichtigsten Porträts des 19. Jahrhunderts.

Das Geschenk der Tochter hatte ihre Mutter nicht mehr losgelassen. Die erste Aufnahme, die ihr gelang, war das Porträt eines Farmers namens Rice. Doch sie verdarb es, ehe sie Kopien davon machen konnte. Sie hätte Aquarelle malen oder Verse schmieden können oder was man einem resoluten Blaustrumpf mit dem Drang zum Ausdruck sonst an Künsten zugebilligt hätte. Doch sie wollte sich partout die Finger schmutzig machen an hochbrisanten Chemikalien wie in Alkohol gelöster Kollodiumwolle, die aufs innigste dem Sprengstoff verwandt waren. Sie zahlte Lehrgeld, doch das Lehrgeld zahlte Zins und Zinseszins. Zu Beginn des Jahres 1864 signierte sie ihr erstes Lichtbild mit dem stolzen Zusatz: »My first success«. Bald zeigte sie ihre Alben herum, schon 1864 wurde sie in London in die Photographic Society gewählt. Die Bilder aus dem schwarzen Kasten wurden ihre Leidenschaft. »Aus meinem Kohlenhäuschen machte ich die Dunkelkammer«, schrieb sie später, »und aus dem verglasten Hühnerstall das Atelier.« Statt des Geflügels gingen nun die Nachbarn und die Künstler bei ihr ein und aus. In ihrem Schlafzimmer bezog sie Posten, von dort aus schaute sie mit einem Auge auf die Straße, die auch heute noch zum Strand hinunterführt, und wenn ein ansehnlicher Mensch vorüberkam, schickte sie ihr Mädchen hinterher. Oft genügte Überredung, manchmal gab sie auch ein wenig Silbergeld. Dafür ließen sich die meisten fotografieren, Bauern, Dörfler, Handelsreisende, vor allem aber ihre Dienstmädchen. Viele sind inzwischen namenlos, aber allesamt dabei unsterblich. »Ihre Porträts versprechen die meisten Werke ihrer Zeitgenossen zu überdauern«, befand schon damals der Künstler und Designer Roger Fry aus dem Bloomsbury-Zirkel um Virginia Woolf und Vanessa Bell. Mit den Bildern ihrer Zeitgenossen, vor allem der berühmten, hat uns Julia Cameron das Antlitz ihrer viktorianischen Ära verwahrt.

Ellen Terry kam zum ersten Mal mit 16 Jahren, damals schon die gefeierte Shakespeare-Darstellerin, als die man sie heute noch kennt, und die Gefährtin des berühmten Architekten Edwin Godwin, der später dann der Vater ihrer Kinder wurde. In London traf sie Watts, den Modeporträtisten, und stürzte sich mit ihm, noch immer 16, in das desaströse Intermezzo ihrer ersten Ehe. Die beiden lebten kurze Zeit im Haus The Briary nahe der Freshwater Bay.

Julia Margaret Cameron hat Ellen Terry ebenso fotografiert wie G. F. Watts und viele aus dem großen Kreis um Tennyson: die Dichter Thomas Carlyle, Henry Longfellow und Robert Browning, den Präraffaeliten Holman Hunt, den berühmten Charles Darwin, ihren Schwager Thoby Prinsep.

Auf einem Foto schaut uns recht sinister Alice Liddell an, die Alice aus dem Wunderland von Lewis Carroll, der seine Titelgestalt und wohl auch seine Obsessionen auch auf Bildern festgehalten hat: das kleine Mädchen unzweideutig als lolitahafte Versuchung. Julia Prinsep Jackson, verwitwete Duckworth, eine Nichte von Julia Cameron, wendet sich auf einem ihrer berühmtesten Bilder mit eben jenem Blick zur Seite, den man durch spätere Fotos von ihrer Tochter Virginia Woolf her kennt. Hier in Dimbola Lodge traf Julia Duckworth ihren zweiten Ehemann, Sir Leslie Stephen. »Die Freshwater-Gesellschaft jener Tage kam näher an den Zweck und an das Ideal der französischen Salons heran als jede andere Gruppierung in England«, schrieb später jemand, der dazugehörte. »In Tennyson hatten wir unseren Chateaubriand, und unsere Madame Recamier war Mrs. Cameron.« Sie vor allem zog die Künstler nach Dimbola Lodge und Freshwater. Ausstaffiert wie eine Bäuerin vom Balkan, in jener schlichten Einfachheit, die ihr die Zeitgenossen attestierten, schaut sie nun mit derbem Blick am Objektiv vorbei ins Unbestimmte. Und ihr Ehemann, Charles Hay Cameron, sieht auf dem Bild von 1867 mit seinen 72 Jahren eher aus wie Merlin, der Zauberer von König Artus, als wie ein Verwaltungsbeamter der Queen.

Neben den schablonenhaften, massenhaft verbreiteten Visitenkartenbildern vieler Berufsfotografen nahmen sich die Bilder Camerons wie Meisterwerke aus: »Ich wünschte, ich könnte solch ein Bild malen«, schrieb Watts, der Maler, unter eins ihrer Porträts. Kaum war die Kunst entwickelt worden, mit Licht und Linsen Bilder festzuhalten, zeigte diese Frau den Konkurrenten, daß man sie mit Schatten noch verbessern konnte. Bei Belichtungszeiten von bis zu mehreren Minuten ließen andere Fotografen das Licht von allen Seiten in ihr helles Atelier. Julia M. Cameron dagegen zog häufig die Vorhänge vor und verlängerte die Qual ihrer Modelle noch obendrein durch die Bevorzugung von Nahaufnahmen mit einem wahren Linsenungetüm, das hemmungslos das letzte Licht verschluckte: Sieben Minuten, klagte einer, da werde man zum Märtyrer. Da war keine Zeit für ein gewisses Lächeln. Wenn gewackelt wurde, fing die resolute Fotografin noch einmal von vorne an: »Ich zählte bis vierhundert und fünfhundert und bekam ein gutes Bild.« Das Bild von Julia Jackson zeigt uns heute noch, was man damals den »Rembrandt-Effekt« der Cameron nannte.

Als Tennyson ihr bei Gelegenheit ein neues Opfer vor die Linse setzte, den Dichter Henry Longfellow, verließ er ihn mit süffisantem Ratschlag: »Sie müssen tun, was sie Ihnen sagt. Ich bin bald wieder da und sehe, was von Ihnen übriggeblieben ist.«

Wer damals vom Verkauf der Bilder leben wollte, mußte den Modellen auf den Fotos schmeicheln. Das ging am leichtesten durch stilisierte Ähnlichkeit und würdevolle Posen, für die Gerüste, Sessellehnen, Nackenstützen geradestanden. Nur wer unabhängig war, der konnte es sich leisten, mit dem Fotoapparat die Oberfläche zu durchdringen, um bis zur Seele zu gelangen. Julia Cameron verzichtete auf alle Stützen und belichtete statt dessen einige Glasplatten mehr. Als sie, auf dem Gipfel ihres Schaffens, eine Neuausgabe von Tennysons Artus-Zyklus »Idylls of the Kings« mit ihren Fotos illustrierte, nahm sie für die Abschiedsszene zwischen Lancelot und Guinever 42 Platten auf, ehe sie mit ihrem Resultat zufrieden war.

In ähnlich rückwärtsgewandten, romantischen Posen erscheint auch der berühmte Dichter und Nachbar auf ihren Porträts. Von seinem Haus den Hang hinunter führt ein Pfad bis an die Gartenpforte, die seither seinen Namen trägt und gelegentlich Anlaß zu delikaten Spekulationen und kaum verhohlenen Verdächtigungen gibt. Es gibt im Park von Farringford noch immer jene Brücke, die von seinem Haus den öffentlichen Hohlweg überspannte, auf dem schon damals die Verehrer auf der Lauer lagen wie heute wohl die Paparazzi, entfernte peinliche Verwandte von Camerons Kunst. So mochte er wohl unentdeckt bis an den Garten von Dimbola Lodge gelangen, ans Wasser oder in das Haus der Freunde.

Julia Margaret Cameron starb 1879 fern in Ceylon. Einer ihrer letzten Briefe war an Lady Tennyson gerichtet und setzt dem Klatsch in der Freshwater Bay das Wesentliche gegenüber: »Ein heiliger Segen hat meine Fotografie begleitet«, so heißt es da, »sie gibt Millionen Vergnügen und vielen ein tieferes Glück.«

Die Queen mag keine Dino-Droppings

Saurier am Strand der Isle of Wight

Die Isle of Wight ist Englands Sommerloch, der sonnigste Flecken der Insel. Doch Martin Simpson freut sich schon im frühen Sommer auf den Winter, und man merkt es ihm auch an: Wir stehen am flachen Strand der Compton Bay, hinter uns das Wasser, vor uns die Klippen, an deren Oberkante unterm Gras die Schwalben hängen. »Wo ich hier stehe«, sagt er und zeichnet mit den Händen eine vage Grenze links und rechts, »war vor dem letzten Winter noch das Cliff.« Jetzt säuft der Himmel grau am Horizont im Wasser ab. Wir anderen hätten lieber Sonne gehabt an diesem kühlen, verhangenen Tag, doch Martin scheint hinter dem bleiernen Vorhang der Wolken bereits den Herbst zu ahnen, der für seinen Auftritt probt. Und der nächste Winter, weiß er, kommt bestimmt.

Martin Simpson ist Wanderführer, Geologe und Fossiliensammler, und sein liebster Arbeitsplatz ist hier: Die alte grüne Jacke aus schwerer Baumwolle schimmert längst nicht mehr nach Wachs und Imprägnierung, sie ist um die Taschen gelb und trocken wie der Lehm im Steilhang hinter ihm. In der einen trägt er einen schweren Meißel mit sich, in der anderen den Fäustel. Er greift sich einen Brocken von der Klippe und zerschlägt ihn in der hohlen Hand: weicher Sandstein wird im Handumdrehen zu Sand. Dann schiebt er mit der Stiefelspitze eine Handvoll Strand zusammen und preßt sie zwischen seinen Händen. Wir glauben gerne, daß so oder ähnlich der Sandstein entsteht. Jetzt brauchen wir uns alles dies nur unter den Bedingungen der Kreidezeit zu denken, vor rund hundert Millionen Jahren.

Die Kreide sehen wir von weitem, fern am malerischen Westzipfel der Insel mit dem weißgetupften Wahrzeichen, den Needles. Doch weiter südlich, bei Hanover Point, stehen wir noch unterhalb der Kreideschicht von einst, die hier schon lange abgetragen ist, im Lehm einer alten Lagune. Der feste Mergelkern am Fuß der Klippen ist auf der Südwestseite der Insel kilometerweit von höchst porösen Kalk- und Grünsandschichten überlagert. Regenwasser sickert leicht durch diese Schichten, sammelt sich und macht den Untergrund verformbar, schlüpfrig-glatt und fließt dann mit dem grauen oder blauen Sediment, das deshalb auch »Blue Slipper« heißt, weiter abwärts, was hier heißt: nach Süden. Dadurch sind die oberen Schichten in ständiger Bewegung. Gerade in den Winterstürmen mit ihren plötzlichen Kälteeinbrüchen kommt es so regelmäßig zu *landslips*, Erdrutschen und Klippenstürzen. Es sind die größten in Nordwesteuropa.

Der Parkplatz oberhalb, von dem wir aufgebrochen sind, ist schon bedenklich angefressen, bald wird er ganz verschwunden sein; bei Rocken End im Süden der Insel stürzten 1928 mehrere hundert Meter Straße in die Tiefe, die neue von 1933 macht daher einen weiten Bogen um St. Catherine's Point. 1963 fiel ein alter Herrensitz ins Wasser, und 1978 nahm die Klippe gleich fünf Häuser mit. Zwischen einem und vier Metern im Jahr weicht die Küste zurück, Martin Simpson drückt es anders aus: Vor zweitausend Jahren war die Isle of Wight noch doppelt so groß, in fünftausend Jahren wird sie verschwunden sein.

Bis dahin aber gibt sie jeden Winter ihre Schätze frei. Wir starren auf das Cliff und sehen nichts, nur hellen Sandstein, gelben Lehm und Ton in vielerlei Schattierungen, weiß und rötlich, grau und grün. »Das machen alle Leute falsch«, sagt Martin uns, »die Klippen verändern sich den Sommer über nicht. Man muß am Wasser gucken.« Am Wasser gibt die Ebbe immer wieder etwas frei von dem, was sich die Flut zuvor geholt hat.

Wir finden pflichtgemäß am flachen Wasser schwarze Stücke: »Kohle«, sagt er, »nichts Besonderes.« Dann hebt er selbst etwas auf, so rund und schwarz wie unsere fossile Kohle, und kann uns gleich den Unterschied erklären. Sein Fund ist tatsächlich leicht porös: Der Knochen eines Dinosauriers, besser gesagt, ein kleiner Teil davon, vielleicht das Innere. Auch Exkremente fallen immer wieder an, *dinosaur droppings,* schwarz und hart auch sie und meist nur fingernagelgroß. Noch sind wir skeptisch, aber aus der Tiefe seiner Jackentasche holt er uns dann einen Wirbelknochen, den er hier am Strand gefunden hat. Diese Größe fällt auf keinem Schlachthof an. Hier aber sind die versteinerten Rückenwirbel des Iguanodon nichts Ungewöhnliches.

In der Grafschaft Sussex hat man 1822 den ersten britischen Iguanodon entdeckt; damals dachte man ihn sich noch als eine Art Rhinozeros-Reptil, bis man sich durch spätere Funde ein besseres Bild von ihm machen konnte: mäßig aufrecht auf zwei starken Hinterbeinen, mit einer Art von Pferdeschädel und einem langen Schwanz als Kontergewicht für den Rumpf, bis zu acht Meter lang und fünf Meter hoch. Und was man für das Nasenhorn gehalten hatte, entpuppte sich als Daumenklaue. In den sechziger Jahren des 19. Jahrhunderts erwarb sich der Reverend William Fox bleibende Verdienste um die Knochenfunde dieser Küste; bald konnte man beweisen, daß der kleinere Hypsilophodon kein junger Iguanodon war, sondern jemand aus der weiteren Verwandtschaft, doch eine eigene Art: Wissenschaftlich und dem Reverend zuliebe Hypsolophodon foxi genannt. 1865 kam, honoris causa, der Polacanthus foxi dazu.

Mit Martin Simpson balancieren wir vorsichtig bis an den Rand des Felsenriffs von Hanover Point; der Untergrund ist bucklig-hart wie Kopfsteinpflaster, doch mit weichen Algen überwachsen und deshalb glatt wie Schmierseife. Als wir wieder, nah am Wasser, besser stehen können, sehen wir die umgestürzten Stämme eines *fossil forest* deutlich vor uns, damals Nadelhölzer, heute Stein. Der Name *fossil forest* greift ein wenig hoch, denn eigentlich ist dies kein Wald, nur eine Sammlung angeschwemmter Stämme, die jetzt zerbrochen und in runden Scheiben liegen wie in Olympia die Reste der antiken Säulen. Doch es ist leicht, sie in Gedanken wieder aufzurichten und eine kreidezeitliche Lagunenlandschaft zu entwerfen, träge Flußmäander, stille Tümpel, Urwald bis ans Wasser.

Sogar das Leben malen wir uns aus mit Martins Hilfe: Er zeigt uns große Spuren im Gestein, die Fußtritte des Iguanodons in einer Reihe, nur echt mit den drei Zehen! Ein Vorgänger von Martin, der Amateurgeologe Samuel Beckles, hat solche Spuren schon 1862 gründlich untersucht. Je nach ihrer Tiefe und dem Abstand zwischen ihnen kann man ahnen, wie schwer das Tier war und wie schnell es lief. Nach der Fülle der Befunde ahnt man, daß es in Herden umherzog. Quer dazu läuft eine zweite Spur: Ein Tyrannosauros, wie Martin erklärt. Und dann verwandelt sich der Geologe in einen Kollegen Sherlock Holmes': »Man kann sogar beweisen, daß sie einander hier nicht begegnet sind. Der eine hätte sonst den anderen angegriffen.« Das sagt er voller Gleichmut und im Ernst, und dabei klingt die Logik ganz wie ein Jurassic Joke!

Wie dem auch sei, die Spuren werden es nicht mehr verraten. Zwei Jahre, mehr gibt ihnen Martin nicht, dann hat das Meer sie sich geholt. Retten oder konservieren kann man sie kaum und braucht es auch nicht: Erstens haben alle Museen genug, und zweitens gibt es immer wieder neue. Diese freilich sind besonders imposant. Als man sie gefunden hatte, kam ein Fernsehteam, um sie der ganzen Welt zu zeigen. Da war die schönste schon verschwunden. Jemand hatte versucht, den Sandsteinfels mit einer Säge zu traktieren. Er hatte nichts davon als ein eckiges Loch, denn der Fußabdruck zerbrach. So zeigte das Fernsehen jenes viereckige Loch, und daran konnten sich die Hobby-Fährtensucher halten. Ein rechteckiges Loch im Stein als Anhaltspunkt erkennt man leichter als die Fußspuren eines Dinosauriers, wenn man sie nicht kennt.

Manchmal kommen auch Fanatiker, die wollen selber Winter spielen und graben in der Klippe. Aber das ist verboten und außerdem gefährlich; das Cliff gehört den Farmern, alles andere am Strand, zwischen den Grenzen von Ebbe und Flut, gehört seit alters her der Krone, auch die Knochen und die schwarzen Exkremente, die Martin immer wieder mit nach Hause nimmt. Sorgen hat er deshalb keine: »Ich habe schon der Queen geschrieben, ob sie die Dino-Droppings haben will.« Doch bisher, so sagt er, habe ihm der Buckingham Palace noch nicht geantwortet.

»Rule, Britannia!«

Portsmouth' Historic Dockyard

Die Victory vibriert, als läge sie auf leicht bewegten Wellen. Doch sie hat nicht einen Tropfen Wasser unterm Kiel. Das stolzeste von allen stolzen Schiffen ihrer Majestät liegt rundum abgesichert auf dem Dock in Portsmouth. Zum Schwingen bringen sie die endlosen Besuchergruppen, die im Fünfminutentakt von Backbord eingelassen werden und das Labyrinth im Innern andachtsvoll durchwandern, in einer halben Stunde vom Gefechtsdeck bis hinab ins Lazarett, einmal nach Trafalgar und zurück. Für die rechte Haltung, leicht gebeugt, ist dabei gleich von Anfang an gesorgt: »Mind your head« steht auf der Schwelle des Besuchereingangs und ein zweites Mal darüber.

Unser Führer heißt Keith Smith; mit weißem Haar und blütenreinem Hemd sieht er in seiner eleganten dunkelblauen Uniform so aus, als sei er mehr als bloß ein Fremdenführer: Als hätte sich vielmehr ein hoher Offizier der Royal Navy einen Spaß erlaubt und sich der Ein-Uhr-fünf-Tour angenommen, womöglich gar der alte Kapitän? Doch der hieß damals Hardy, und Nelson hieß sein Admiral. Wir aber hören eine halbe Stunde lang auf Mister Smiths Kommando. Hinter den blanken Brillengläsern funkeln seine Augen schelmisch wie die Pointen seiner Kommentare. »First of all«, sagt er in ausgesuchten Wendungen: Man möge sich des Rauchens hier enthalten. Das Schiff sei ganz aus Holz. »Und wir hätten gerne, daß das auch so bleibt!«

Die alten Eichenhölzer sind inzwischen ausgetauscht, und die Victory, seit 1812 im Ruhestand, ist mittlerweile ihre eigene Replik aus Tropenholz. Doch sie ist noch immer seefest und das Flaggschiff der Marine Ihrer Majestät, und sie hat noch immer einen

Kapitän. Ihr voller Titel »Flagship of Second Sea Lord and Commander-in-Chief Naval Home Command« geht wie ein Trommelwirbel ihrem Ruf voraus: Sie ist das berühmteste Kriegsschiff der Geschichte, der Gipfel der britischen Schiffsbauerkunst aus der glorreichen Zeit der Segelschiffahrt. Und je mehr sie sich denn auch von ihren alten Siegen mit der Zeit entfernt, desto näher kommt sie ihrem größten Tag der kommenden Jahrzehnte: der zweihundertsten Wiederkehr ihrer Schlacht vor dem Kap von Trafalgar am 21. Oktober 1805.

Mit dieser Seeschlacht vor der spanischen Küste gegen eine Übermacht der Feinde, 33 Schiffe auf spanisch-französischer Seite gegen 27 eigene, und mit dem famosen Sieg der Briten, die 19 Schiffe der alliierten Flotte zerstören oder übernehmen konnten, war der Seeweg frei in jenes 19. Jahrhundert, in dem das britische Imperium die Welt beherrschte. Napoleon, der schon einmal zur See, bei Aboukir, geschlagen worden war, suchte seit Trafalgar seine Siege lieber auf dem festen Land. Die Furcht der Briten vor der ersten Invasion seit der von 1066 war gebannt, künftig galt das Motto »Rule, Britannia, Britannia rule the waves!«

Trafalgar war ein Sieg, bei dem der Sieger starb. Admiral Lord Nelson wurde auf dem Achterdeck getroffen und starb auf seinem Schiff, mit dem ihn mehr als dieser Sieg verband. Es war im Jahr seiner Geburt geordert worden, 1758, und weil das Jahr darauf, in dem es in Chatham auf Kiel gelegt wurde, ein Jahr mit vielen Siegen war, in Quebec, Minden und vor Quiberon, nannte man es Victory. Sie war das fünfte Schiff, das diesen Namen trug, doch sie ließ die anderen von 1559, 1620, 1675 und 1737 an einem Tag vergessen.

Nelson habe in Paradeuniform das Schlachtgeschehen jenes 21. Oktober auf dem Quarterdeck gelenkt, so heißt es (und so zeigen es die Schlachtenbilder im Museum gegenüber), unverwechselbar mit einem Arm und einem blinden Auge. Nur Offiziere trugen damals überhaupt schon Uniform, das Fußvolk kämpfte in Räuberzivil. Dann ließe wohl sein Tod durch einen Heckenschützen nur zwei Schlüsse zu: Entweder glaubte er, man könne – oder wolle – ihn nicht treffen, oder ihm gefiel jenes dramaturgische Raffinement, das für den Fall des Falles leicht von jedem zu entdecken war: Als habe Gott bei Shakespeare abgeschaut. Die Planken als die Bretter, die die Welt bedeuten, und die Takelage, 27 Meilen lang, als Schnürboden dazu: Wirkungsvoller ließ der Tod sich auch nicht auf der Bühne planen. Und höher konnte Nelson nicht mehr steigen, höher kam er nur noch 1842: 56 m hoch auf eine Säule aus Granit am Londoner Trafalgar Square, den Blick auf seine Admiralität gerichtet, den leeren rechten Ärmel in die Uniform geklemmt, was nun ausgerechnet an Napoleon erinnert.

Auch unser Führer Smith hat ein Talent für Theatereffekte. Er greift das große Steuerrad mit einer Hand und sucht sich für die andere ein Weibsbild aus der Runde, das Seemannslieder mit ihm singt: So, sagt er, sieht das aus im Kino. In Wahrheit brauchte man vier ganze Kerle, die mit beiden Händen in das Ruder griffen, um ein solches Schiff zu steuern. Er leitet uns durch enge Magazine und Geschützdecks, über steile Stufen (»Mind your head!«) durch das Schiff, von den glanzvollen, lichten Kabinen im Heck bis zu den Unterkünften für den Großteil der Besatzung, die sich mit dem Vieh die Enge zwischen den Kanonen teilen mußte, 550 Mann von 850 Mann Besatzung insgesamt. Das schimmernde Glänzen der christlichen Seefahrt setzt Mister Smith bei seinen Hörern als bekannt voraus. Er zieht es vor, uns mit der wenig christlichen Grundierung solcher Seestücke bekannt zu machen: Das sind die Plätze für die *powder monkeys,* wie man die kleinen Jungen nannte, die affengleich und wieselflink das Pulver für die Vorderlader schleppen mußten! Und dies hier sind die Eisen für die Füße, wenn es einem an Begeisterung gebrach! Bis zu hundert Tage mochten die Gepreßten eingeschlossen sitzen, mit nichts als Buße oder ihrer Handarbeit beschäftigt: Sie mußten Peitschen flechten, die sie selbst zu spüren bekamen. Auf Deck zu spucken, galt als Majestätsbeleidigung und wurde mit Prügeln bestraft. Fürs Wohlverhalten oder wenigstens Die-Klappe-Halten gab es Alkohol: pro Tag und Mann eine Gallone Bier, auf Wunsch statt dessen zwei Pint Wein oder ein halbes mit Rum. Erst 1970, am 30. Juli, dem *Black tot Day*, kühn mit »Schlückchenstreiktag« übersetzt, wurde die Navy trocken und das wohlvertraute Quentchen aus Jamaica ein für allemal gestrichen. Die Mannschaften mit Zwang zu pressen hatte man schon früher aufgegeben.

Mit zwölf war Horatio Nelson als Midshipman zur See gekommen, mit 21 war er Kapitän, mit 39 Admiral, zum Mythos wurde er mit seinem Sieg vor Kopenhagen, 1801. Damit öffnete sich England den Zugang zur Ostsee, über die das Holz zu Englands Werften kam. Denn die Eichenwälder auf der Insel waren längst schon mehr als dezimiert. Weder seine schwächliche Gesundheit noch seine lächerliche Eitelkeit, nicht seine unliebsamen außerehelichen Eskapaden und auch nicht die ménage à trois mit Emma Hamilton und ihrem Gatten konnten Nelsons Aufstieg in den Himmel der Geschichte hemmen. Das tat statt dessen um die späte Mittagszeit des 21. Oktober ein feindliches Geschoß. Die Kugel, zur Reliquie geworden, schmückt heute den Besitz der Queen. Um 12.30 Uhr war die Victory in die gegnerische Schlachtenlinie eingefallen wie der Fuchs in einen Hühnerhaufen. Mit Breitseiten aus 104 Kanonen und einer unerreichten Feuerkraft im Neunzig-Sekunden-Takt bei drei bis fünf Minuten auf der Gegenseite schoß sie ihre Feinde schwindlig. Da traf, vom Besanmast der Redoutable aus weniger als zwanzig Metern abgefeuert, eine einzelne Musketenkugel Nelsons linke Schulter, zerriß die Lunge und zerschlug die Wirbelsäule: eben hier, wo wir jetzt stehen, auf dem Quarterdeck. Denn natürlich hat sich Mister Smith für diese Klimax vor dem rührenden Finale den rechten Schauplatz ausgesucht. Sogar die alten, echten Planken sind noch da: Man hat sie drei Decks tiefer eingezogen, im Schiffslazarett, das jetzt eine Gedenk- und Weihestätte ist. Dort hängt der Tod des Helden, nach dem Leben gemalt, wie eine Kreuzabnahme an der Wand. Das Licht, das die Szene erhellt, geht wunderbarerweise von dem Sterbenden auf seinem Lager aus. Wer dabei war, hörte Nelsons letzte Worte, aber jeder hörte andere: auch das ein Beitrag zur Legendenbildung. Hieß der letzte Seufzer, an den Kapitän gerichtet, wirklich »Kiss me, Hardy«? Oder kam da nur ein Röcheln der Ergebung: »Kismet, Hardy«? Auch seiner Lady Hamilton soll Nelson einen Seufzer hinterlassen haben – und einen letzten für das Protokoll. Helden reden nicht vom Küssen, wenn sie sterben, Helden reden von der Pflicht: »Thank God, I've done my duty!«

Nach der Katharsis das Satyrspiel: Auch diesen Kniff beherzigt unser Mister Smith und greift zum letzten Mal ganz tief in jene Kiste, in der die vaterländischsten von allen Anekdoten mit Seemannsgarn und ausgepichten Kuriosa ein für allemal verknotet sind: Wer pflichtgemäß auf See gestorben war, gehörte auch auf See bestattet. Für die Royal Navy galt das bis zur Themsemündung, und Nelson hat vielleicht gewußt, woher, dem Volksmund nach, das Örtchen Gravesend (»Grabesende«) an der Themse seinen Namen trug: Bis hierher wurden Tote über Bord geworfen, erst themseaufwärts brachte man sie auf das feste Land. Doch Nelson hatte für die Ewigkeit geplant; er wünschte sich zurück nach London, gleich, ob lebendig oder tot, und Captain Hardy brachte ihn in einem Faß voll Brandy wohlbehalten in die Heimat, wo er aufgebahrt in der Kapelle des Royal Navy Hospitals lag, ehe er sein schwarzes Marmorgrab in der St. Paul's-Cathedral fand, in einem Sarg, gezimmert aus dem Mast von Frankreichs Flaggschiff L'Orient.

Die spanische Armada 1588 mochten noch die Fügung Gottes und der Wind geschlagen haben. Trafalgar war ein Sieg der Kriegskunst auf dem Wasser.

Was dazu nötig war, das kann man in den Docks von Portsmouth heute noch besuchen. Ihr Herzstück ist seit 1994 der Historic Dockyard mit dem umgebauten Boathouse No. 7 von 1875: Besucherzentrum, Themenpark von Englands maritimer Größe und einzigartige Gelegenheit, im Royal Naval Museum und am Beispiel dreier alter Schiffe den Aufstieg Großbritanniens zur Weltmacht zu erfahren – und zugleich auch die Geschichte dieser Stadt. Die Römer hatten seit 286 n. Chr. Portchester Castle zur Marinebasis ausgebaut. Hier, im Schutz der Isle of Wight, ließ König Alfred seine Flotte bauen; unter Richard Löwenherz entstand die Stadt mit Werft und Marktrecht, seit 1495 gab es hier das erste Trockendock der Welt, und unter Heinrich VIII. die ersten Schiffe, die nur für einen Zweck gezimmert waren, für den Krieg.

Eins von ihnen war die Mary Rose von 1511, König Heinrichs Flaggschiff. Sie sank vor seinen Augen mit siebenhundert Mann im Juli 1545, als sie eben auslief in den Kampf – auch damals gegen die Franzosen. 437 Jahre später, im Oktober 1982, holte man, was von ihr übrig war, aus ihrem feuchten Grab. Jetzt liegt ihr sterbliches Gerippe in einem fein gesprühten Nebel aus Wasser und Glykol in einer Halle neben Nelsons Victory, am selben Ort, wo man sie einst gezimmert hatte. Sie ist das zweite der *historic ships* in Portsmouths altem Dockyard.

Das dritte, jüngste liegt am Kai, als habe es nur eben angelegt und sei im übrigen noch immer unterwegs im Dienst der Königin: »Her Majesty's Ship Warrior« von 1860, »die schwarze Schlange gegen die Kaninchen im Kanal«, wie sie das Oberste aller Kaninchen, Napoleon III., die Force de frappe der Feinde damals nannte. Sie war das erste gepanzerte Schlachtschiff der Welt, das schwerste Kriegsgerät, das überhaupt auf Wasser fahren konnte, mit 15 Segeln oder auch mit Motorkraft, und übertraf mit 127 m Länge das bis dahin längste Kriegsschiff um ein Viertel.

1979 hat man ihren Rumpf im Ölhafen von Milford

Haven buchstäblich aus dem Dreck gezogen und dann acht Jahre lang, für acht Millionen Pfund, restauriert, ehe man sie 1987 in ihren Heimathafen Portsmouth zog. Jetzt liegt sie am Victory Gate, als sei die ganze Crew, bis auf eine Handvoll Wachen, eben mal an Land gegangen, 705 Mann an Besatzung vom Smutje bis zum Kapitän. Gelegenheit für uns, den schwarzen Stolz von Queen Victoria in Augenschein zu nehmen.

Den Utilitarismus des 19. Jahrhunderts trug die Warrior (»Krieger«) in ihrem Namen und mit der Nasenspitze vorneweg: ein weißer Krieger unterm Bugspriet diente als Gallionsfigur. Da war kein Platz mehr für galante Höflichkeiten gegenüber irgendeiner Mary Rose oder die Mantel-und-Degen-Romantik von Nelsons schmucker Victory. Nur in den Räumen für die Offiziere finden sich ein paar vergoldete Leisten auf der weißen Holzverkleidung, daneben aber gleich die schwarzen Panzerplatten, auf denen die Nieten wie Pickel stehen.

Abgesehen von den drehbaren Geschützen für zylindrische Geschosse im Heck und im Bug gab es auf der Warrior nur ein Geschützdeck für 26 herkömmliche Kanonen, die noch von vorn mit Rundgeschossen zu bestücken waren, sowie acht der modernen Hinterladergeschütze. Abwechselnd hängen dazwischen die Sitz- und Tischgelegenheiten für die Mannschaften in 36 Messen. Die Außenwände dieser Meeres-Zitadelle waren mehr als einen halben Meter stark und im Sandwichverfahren aus gewalztem Eisen von 11 cm Stärke, 46 cm Teakholz und nochmals einer fingerstarken Lage Eisen aufgebaut. Zehn Kessel mit jeweils vier Feuerungen trieben eine Dampfmaschine an, bei Vollbesegelung und Volldampf brachte es die Warrior auf 17 Knoten.

Sie hätte sicher jedem Angriff widerstanden – »hätte«, wohlgemerkt, denn sie wurde niemals angegriffen und hat, von Übungszwecken abgesehen, in ihren wenigen aktiven Jahren nicht einen Schuß abgefeuert. Sie war nur 22 Jahre in Betrieb, dann stellte sich heraus, daß diese personalintensive Universalwaffe in eine Sackgasse hinein entwickelt worden war. Beinahe hundert Jahre lang mußte sich der schwarze Krieger in britischen Versorgungshäfen rumschubsen lassen, ehe er für den Historic Dockyard wieder glanzvoll auferstehen konnte. So sind denn von der Warrior auch keine Heldentaten zu berichten, den einzigen Zusammenstoß erlebte sie versehentlich und ausgerechnet mit der HMS Royal Oak, bei welcher Gelegenheit sie ihre erste Gallionsfigur verlor. Sonst gibt es nichts an Anekdoten, zu ahnen ist nur die Berufsroutine der Friedenssicherung durch Kriegsbereitschaft: Die Männer waren alle freiwillig an Bord bei gutem Sold, Pensionsanspruch und warmem Mittagstisch. Und erstmals gab es Waschmaschinen für ein Schiff der Kriegsmarine.

Was einst mit Heinrichs Mary Rose begonnen hatte und seit Trafalgar möglich war, das wurde mit der Dienstzeit dieses Schiffes erst vollendet: Der Aufstieg Englands zum Imperium, die lange Zeit der Pax Britannica, der Pax Romana des Augustus nachgebildet. Es war ein Frieden in Waffen unter britischer Regie. Der alte Wunsch war Wirklichkeit geworden: »Rule, Britannia, Britannia rule the waves!«

Schon 1847 hatte Neptun nach dem Willen des Malers William Dyce die Krone seiner Seeherrschaft an Britannia übergeben. Wer von Portsmouth auf die Isle of Wight hinüberfährt, der kann in Osborne House, dem Sommersitz der Queen Victoria und ihres Gatten Albert, den Höhepunkt der englischen Geschichte als allegorisches Fresko studieren, so gut gemalt wie gutgemeint: ein nackter Neptun zügelt sein Gespann aus weißen Seepferden und übergibt die Krone durch Merkur, den Götterboten, an Britannia. Sie hat schon seinen Dreizack übernommen und streichelt mit der Linken den englischen Löwen, während Seefahrt, Industrie und Handel am Gestade ergriffen dieser Szene folgen.

Bei ihrem ersten Auftreten in einem Bildwerk, auf

einer Messingmünze Kaiser Hadrians (117–138 n. Chr.), war Britannia als Gefangene, auf einer Klippe stehend, abgebildet. Bei der Klippe blieb es, aber nicht mehr bei der Sklavin: 1740 gab der Prince of Wales, der spätere George III., ein Maskenspiel in Auftrag (»Alfred« von James Thomson, Musik von Dr. Arne), von dem die meisten Engländer bis heute noch zwei Zeilen kennen. »Rule, Britannia, Britannia rule the waves; Britons never, never, never will be slaves.«

Die Argumente dieser Zuversicht haben alle in Portsmouth vor Anker gelegen, und deshalb wünschte sich die Stadt, daß auch die königliche Yacht Britannia die Reihe der *historic ships* erweitern würde. Doch die ausgemusterte Britannia kam nach Edinburgh. In Portmouth gibt es sie nur als Modell im Selbstbedienungsrestaurant Tradewinds des Historic Dockyard.

Als *historic ship* vom Baujahr 1953 wäre sie indes ein Hinweis darauf, daß in Portsmouth alles Große ein für allemal vergangen ist. Der größte Kriegshafen der Krone hat nach dem Ersten Weltkrieg noch 25.000 Menschen mit Arbeit versorgt, nach dem Zweiten nur noch 2800. Seit auch der Kalte Krieg vorüber ist, träumt Portsmouth von der eigenen Vergangenheit und fürchtet die Statistik seiner Arbeitslosen wie der Träumer das Erwachen.

Nur einmal noch konnte die alte Kriegsmaschinerie den Rost von ihren Rädern klopfen: Das war im Frühjahr 1982, als hier an einem Wochenende ein ganzer Flottenverband zusammengestellt wurde, um die fernen Falklandinseln wieder an Britannias Rockzipfel zu binden. Damals dampfte auch H. M. Yacht Britannia achttausend Meilen weit bis in den Südatlantik, denn offiziell ist sie als Lazarettschiff registriert, auch wenn sie auf dem langen Marsch zu den Malvinen die erste war, die lahmte. Doch immerhin: Beim »Rule, Britannia!« dieses Wochenendes durfte sie nicht fehlen. Und den Auftrag, der sie alle einte, kannte jedermann seit 1805 und Nelson: »England expects that every man will do his duty.«

Weidenkorb unterm Bärenfell

In den Somerset Levels

Wir waren unterwegs nach Muchelney, in ein reichlich unbekanntes Dorf am Rand von Somerset mit den Ruinen einer Benediktinerabtei aus dem 10. Jahrhundert, die denen im berühmten Glastonbury nur an Grundrißgröße unterlegen sind, nicht an malerischer Pracht. Wir fanden unser Ziel nicht gleich, in Stoke St. Gregory verloren wir den Weg, weil alle Straßen außer einer uns im Kreis herum und hoffnungslos zurück zu jener führten, die wir irrtümlich verlassen wollten. Links und rechts der Route war das Flache weglos, grün und licht bewachsen. Und so fanden wir zuletzt, wonach wir gar nicht suchten: die Weiden und die Korbmacher der Somerset Levels.

Aus Englands 46 Grafschaften ragt Somerset für jedermann hervor: Die einen rühmen seine Äpfel oder doch zumindest seinen Cider, die anderen die Tropfsteinhöhlen nahe Cheddar samt dem Käse dieses Namens, nach Daniel Defoe der beste Englands, wenn nicht gar der Welt; und unter Kunstliebhabern gilt der Baustil seiner Kirchtürme im schlanken Hochformat des *perpendicular style* als unerreicht: »Wir zögern nicht mit der Behauptung, daß es ihresgleichen in der ganzen Welt nicht gibt«, schreibt Lawrence E. Jones in seinem Standardwerk »The Beauty of English Churches«.

Der Ruhm der Weidenindustrie von Somerset dagegen läuft als eher kleine Münze um: Als Picknickkorb im Grünen vor dem Opernhaus von Glyndebourne, als Teppichklopfer auf dem Hinterhof, in der Erinnerung als Wäschekorb im Krankenhaus und gänzlich unbemerkt in London vor dem Buckingham Palace. Denn was trägt der königliche

Posten der Brigade of Guards auf seinem Kopf? Schwarzes Bärenfell, zur Freude aller Fotografen. Und was darunter? Einen Unterbau aus Weiden. Korbgeflochtenes aus Stoke St. Gregory.

Längst waren uns die Weiden aufgefallen, zunächst die starken Stümpfe längs der Gräben, später erst die flachen Weidenfelder zwischen ihnen, die im Wind wie Ähren wogen. Zuletzt die Schilder an der Straße, die Körbe und Weiden und Auskunft versprachen.

Die Marschen der Somerset Levels sind ein flaches Schwemmland, das reichen, feuchten Boden über einer dünnen Lehmschicht bietet, selten mehr als zwanzig Fuß über dem Meeresspiegel. Noch 20, 25 Meilen von der See entfernt, ist der River Tone, der Taunton, »Tone Town«, seinen Namen gibt, den wechselnden Gezeiten unterworfen. Bis ins 18. Jahrhundert verwandelte das Land sich jedes Jahr für Monate in ein System von Inseln und Lagunen. Die normannischen Berichterstatter von Wilhelm dem Eroberer setzten für die gefluteten Sümpfe Jahr für Jahr sechstausend Aale an, fette Beute zwischen Inseln, die noch heute »Eiland« heißen (»Isle«) – wie Godney, Athelney und Muchelney.

Nach dem Wort für Riedgras oder Segge heißt das weite Land auch Sedgemoor. Den Namen wiederum kennt jeder Engländer, der die Geschichte seines Landes kennt: Hier kämpften der illegitime Lieblingssohn Charles II., James Duke of Monmouth, und sein Oheim, der jüngere – und verteufelt katholische – Bruder des verstorbenen Königs, zwei Tage lang um die verwaiste Krone. Der legitime Erbe wurde Sieger und als James II. König für drei Jahre, ehe ihn die Whigs im Parlament vertrieben, der aufständische Herzog wurde im Tower geköpft. Doch immerhin, so ist es überliefert: Der Henker brauchte sieben Streiche für den Nacken. Das war 1685. Es war die letzte Schlacht auf englischem Boden. Und bis heute zeigt man in Westonzoyland die Scharten im Gestein der Kirche, an dem die rebellierenden Bauern ihre Mistgabeln und Sensen vor dem Kampf geschliffen haben sollen, als hätten sie nicht auch Musketen in der Schlacht geführt.

Ihre Nachfahren fanden hundert Jahre später Arbeit darin, das Land zu drainieren. Bis 1840 wurden die Levels parzelliert und mit einem feinen Netz von Gräben überworfen, heute sind sie das größte Feuchtbiotop im Südwesten Großbritanniens und das wichtigste in England, von flachen Höhenrücken oft partienweise eingegrenzt und gegen manchen Regen und den rauhen Wind geschützt, ein Paradies für Wasservögel und Amphibien, Insekten und niedere Säuger, seit 1987 ein regelrechtes Schutzgebiet von annähernd 650 Quadratkilometern.

Seit sich das Meer vor Tausenden von Jahren zurückgezogen hatte und nur im Winter wiederkam, wuchsen hier Weiden. Als mit den Pumpen und Entwässerungssystemen das Land berechenbarer wurde, konnte man die Bäume und die Büsche wie Feldfrüchte kultivieren. Seither gibt es eine nennenswerte *willow industry* in Somerset, und *industry* bedeutet hier noch wirklich »Fleiß« wie im Lateinischen: industria. Seit 1819 besteht in Stoke St. Gregory der Weidenbaubetrieb Coate & Son, und auch Nigel Hectors English Basket and Hurdle Centre an der Straße nach Curload ist ein traditionsreicher Famlienbetrieb.

Im Landrover nimmt Nigel Hector uns mit hinaus auf die Felder, wo wir zuvor vergebens einen Weg nach Muchelney vermutet hatten. Hier liegen, sorgsam parzelliert, die *withy beds*, die kultivierten Weidenbeete, in denen Jahr für die Jahr die Weide wächst und Jahr für Jahr geerntet wird. Im Frühjahr sehen die Karrees mit ihren Setzlingen wie Spargelfelder aus, der Boden ist dann schwarz und rissig, und nichts läßt glauben, daß hier Bäume wachsen könnten, wenn man sie nur ließe. Doch bis zum Frühherbst ändert sich das Bild beinahe täglich. Die Weide, salix trianda, ist die am schnellsten wachsende Pflanze der nördlichen Hemisphäre, sie legt an manchen Tagen zwei

Inch – etwas mehr als 5 cm – zu. Im Herbst, wenn sie geerntet werden, sind die Ruten häufig länger als zwei Meter, und schon im nächsten Frühjahr treibt derselbe Setzling neu aus, bis zu 25 Jahre lang.

Wenn das erste Grün sich blicken läßt, im März und im April, verwandeln sich die *withy beds* in Weideflächen: Die Farmer aus der Nachbarschaft treiben ihr Vieh auf die bewirtschafteten Felder, und ihre Schafe oder Rinder fressen alles kahl, bis auch der letzte Nachtfrost überstanden ist. Einmal ein paar Minusgrade könnten die empfindlichen Spitzen der Ruten zerstören, und die Weiden hätten oben Gabeln oder dürre Besen – beides kann ein guter Korbmacher nicht brauchen.

Dann werden sie den Sommer über gehegt, von Hand gejätet und auf Parasiten überprüft, im November wird geerntet, meist immer noch von Hand, mit einer Sichel dicht am Boden. Früher holte man die Ernte mit den *rowing withies*, flachen Ruderkähnen, auf den Hof, heute mit Traktoren. Manche Felder läßt man stehen bis zum nächsten Herbst; hier wachsen die Rippen für größeres Flechtwerk. Früher kamen bei Gelegenheit Zigeuner, stahlen den Bauern bündelweise die zweijährigen Ruten und verkauften sie ihnen später an der Vordertür als Wäscheklammern. Nigel Hector lacht aus vollem Hals: Er hat es selbst schon erlebt, wovon er uns erzählt.

Heute sind die Wäscheklammern bunt, aus Plastik – wie das meiste, für das man früher Korbwaren nahm: Denn leicht zu sein und doch zugleich stabil, das schafften vor dem Kunststoff nur die Körbe. Alle Lieferanten brauchten Körbe, Körbe brauchte man zur Briefsortierung bei der Post, und Körbe waren auch die Schutzbehälter für die Cider-Flaschen Somersets. Aus Korb geflochten waren Damensättel, Rollstühle und Kinderwiegen, und die fliegenden Kisten der Royal Air Force hatten Sitze aus Korb.

Dann wurde nach dem Zweiten Weltkrieg der Kunststoff *fashionable*, und ob die »Kinks« auch spöttisch ihren »Plastic Man« besangen: Gegen den Triumph des Plastiks war kein Kraut gewachsen – und schon lange keine Weide. Der Weidenanbau ging zurück, in Somerset wie überall, und vielfach mußten die Betriebe schließen. Doch die zwei in Stoke St. Gregory beweisen, wie man mit der leichten Ware überleben konnte, und jeder zeigt es uns auf seine Weise.

Nigel Hector produziert vor allem *hurdles,* geflochtene, dekorative Zäune für die besseren Gärten. Jil Sander hat bei ihm gekauft, Peter de Savary, der englische Millionär und Paradiesvogel, und die 180 Flechtzäune draußen auf dem Hof sind eine Lieferung für ein gehobenes Versandhaus in den USA. Daneben gibt es Rankwerk für die Pflanzen, Bögen für den Rosengarten, Möbel. Alles aus den unbearbeiteten Ruten draußen von den *withy beds.* Das ist kein Boom, sagt Nigel, und er lacht, das ist schon eine Explosion. Sieben Korbflechter hat er dafür angestellt, und einer zeigt uns seine Handwerkskunst im Dämmerlicht der Halle. In einen festen, großen Rahmen sind die fingerdicken zweijährigen Stäbe eingespannt, zwischen denen dann behend das dünne Flechtwerk büschelweise eingezogen wird. Ist eine Lage fertig, wird sie mit der Kante der Hand und bemessenen Schlägen verdichtet, und dann und wann wird alles von der Seite überprüft, ob es noch lotrecht ist und eben. Fertig ist das Flechtwerk.

»Für einen Zaun aus Latten muß man einen Baum zersägen«, sagt Nigel mit Betonung. »Der ist dann erstmal weg für lange Zeit.« Die Weiden, soll das heißen, wachsen immer wieder nach, ökologisch unbedenklich, biologisch abbaubar. Ihr höchster Daseinszweck ist offenbar, geflochten zu werden. Und am liebsten in Hectors Betrieb und zu *hurdles.*

Körbe gibt es hier nur nebenbei. Ein junger Korbmacher hat einen vor sich auf dem *lap board,* der flachen Planke auf dem Schoß: ein eher krummes Etwas, mit Henkel zwar, doch absichtsvoll verformt, von weitem schon kein Allerweltsartikel, eher doch ein

Spaß. Nigel nimmt uns lachend das Versprechen ab, davon bei Coates nichts zu erzählen: »Die denken sonst, wir spinnen!«

Der mustergültige Betrieb von P. H. Coate & Son liegt nicht nur am anderen Ende des Dorfes, sondern auch am anderen Ende der Korbmachertradition. Hier gibt es Körbe aller Arten, Picknickkörbe, Flaschenkörbe, Blumenkörbe, Einkaufskörbe, Fahrradkörbe, Körbe für Besteck, für Eier und für Brot, Anglerkörbe, Hundekörbe, Babykörbe, Schirmständer und Zeitungsständer, Wäschetruhen und Papierkörbe und vieles mehr, wenn es nur klassisch ist. Und alles aus der überlieferungsgetreu geschälten Weide, braun zumeist, mitunter weiß, nur ausnahmsweise ungeschält. Früher nahm man nur geschälte Weide, sagt Ann Coate, die Chefin, als sie uns herumführt auf dem Hof und wir im raschen Überblick den ganzen Ablauf kennenlernen. Heute sind die grünen Weidenzweige so beliebt, sagt sie scheinbar neutral, doch mit unterkühltem Spott, »weil sie so schön natürlich aussehen«. Dann trocknen sie und werden rissig, und die Hausfrau holt sich Splitter – oder Löcher in den Strümpfen.

Also wird die Weide erst geglättet. Die Ernte wird der Länge nach sortiert und dann gekocht, hundert Bund in einem Tank. Neun, zehn Stunden dauert das, dabei weicht die Rinde auf, und ihr Tannin zieht in das Holz und färbt es mittelbraun wie Leder. Aus dem Boiler werden die Weiden ins Stripping House gebracht, zum Schälen. Früher machten das die Frauen und die Kinder mit einer Art von Gabel, jede Rute einzeln. Heute machen es Maschinen: rotierende Trommeln entfernen die Rinde und glätten auch die winzigen Augen im Holz, das dann auf Drähten luftgetrocknet und gelagert wird, bis man es braucht oder weiterverkauft.

Weiß wird die Weide, wenn man sie erst nach den Weihnachtstagen schneidet und danach für lange Zeit in Wasser stellt, anstatt sie zu kochen. Ungeschälte Weide muß besonders ausgelesen werden und wird vor der Verarbeitung gedämpft.

Im Bindehaus werden die Bündel mit einem ornamentalen Knoten aus einem Weidenzweig gebunden und verziert; jeder Weidenbauer hat seit alters her seinen eigenen Knoten, und dieser hier besagt, daß dieses Bündel von Coate & Son stammt, beste Ware garantiert, und einen Umfang hat von einem Yard und einem Inch, um Mängel in der Dichte auszugleichen. Alles in der besten alten Weidenbauertradition.

Seit 175 Jahren sind die Coates nun im Gewerbe, inzwischen in der siebten Generation, und Jonathan, der Sohn, hat immer noch neue Ideen. Der Betrieb hat 35 Mitarbeiter, manche davon flechten auch zu Hause. Für einen ganz normalen, mittelgroßen Korb braucht ein Flechter etwa anderthalb Stunden. So muß man also erst einmal die Leute davon überzeugen, daß sie dafür soviel Geld bezahlen, sagt Mrs. Coate. Die Weidenbauer werden nicht, wie ihre Nachbarn, die im Frühjahr ihre Kühe gratis auf die Weiden-Weide treiben, von Europa unterstützt. Die Körbe aus Fernost sind billiger. Und Plastik sowieso, daneben haltbar, leicht und bunt.

Ein wenig hat sich immerhin getan. Die Rückkehr zu natürlichen Produkten und die Neigung zum Besonderen verbinden sich in den heutigen Weidenwaren. Ein Allerweltsartikel sind sie längst nicht mehr. Inzwischen gibt es schon Designerküchen, deren Schubladen von Coate & Son geflochten werden, luftige Behältnisse für frische Lebensmittel; nur den Rahmen liefert noch der Schreiner. Mit dem Umweltbewußtsein wachsen auch wieder die Weiden.

Doch die breite wirtschaftliche Basis für das Überleben des Betriebs sind nicht solche exquisiten Wünsche; die haben Coates mit Cleverneß gelegt. Sie haben die großen Kaufhäuser und Ladenketten davon überzeugen können, ihre Lebensmittel in flachen Körben auszulegen. Ann Coate zählt ihre Kunden auf, und das sind alle großen Namen in der City. Nur einer fehlt, wir fragen nach. »Oh, Harrods«, sagt sie und verzieht die Miene, »they are naughty!« Wenn

Harrods britische Wochen veranstaltet, dann holen sie sich Körbe aus Taiwan! Doch ansonsten blüht der Handel mit dem Handel. Und nur eine Sorge bleibt: die Bürokraten im vereinigten Europa. »Vielleicht ist es ja eines Tages verboten, Lebensmittel in Körben zu präsentieren.«

Was nicht als Körbe oder im Bündel verkauft wird, immerhin die Hälfte ihrer Produktion, das wird zu Zeichenkohle. Schwarze Kohle aus den runden Weidenstäbchen ist ganz besonders weich und samtig deckend und hat inzwischen überall die länglichen Scheite der finnischen Birke abgelöst. Als wir auch diesen Teil der Produktion besichtigen, klebt eine Arbeiterin soeben Etiketten auf die grauen Kartons: »Pelikan« und »Schmincke« – alles »Made in Somerset«.

So sieht die Zukunft aus in Stoke St. Gregory. Die Vergangenheit der Weiden entdecken wir im eigenen Museum: Bienenkörbe, Spatzenfallen, Lieferwägelchen mit Rädern für die Post, alles gab es einst aus Weide. Auf Bildern sehen wir die Kinder beim *stripping* und die Blinden zweier Kriege, wie sie flechten. Und wir sehen auch das leichte Bärenfellgestell vom Buckingham Palace.

Daß die Zukunft eng mit der Vergangenheit verbunden ist und einmal mit ihr enden könnte, das zeigt zuletzt ein Sarg aus Weide. Jonathan hat ihn geflochten für den Ältesten von allen. Norman Upham hat inzwischen schon die Achtzig überschritten, doch er sitzt noch immer bei den anderen und bei der Arbeit, die Beine dicht am Boden, den Körper mit dem *lap board* fast im rechten Winkel, aufrecht. Noch steht sein Sarg bloß im Museum. Doch wenn es dann so weit ist, sagt er uns, dann möchte er darin begraben sein – gemeinsam mit dem Werkzeug, der Stechahle, dem Schlageisen, der Gartenschere und dem Messer. Dazu mit einem schnurlosen Telefon, damit man ihn auch dann noch immer fragen kann, wenn keiner weiterweiß: »Denn die Jungen«, sagt er uns, »die haben alle keine Ahnung!«

Ein Eremit, ein Otter und Regen den ganzen Tag

Wandern auf dem Tarka-Trail

Der Zug heißt Sprinter, doch auf dieser Strecke kann er seinem Namen keine Ehre machen. So sehr sich die Maschine auch nach jedem Halt ins Zeug legt und die beiden Wagen vor dem Weiterfahren rüttelt: Der schwarze Ruß bleibt eine Drohung vor dem Fenster, die Fahrt setzt sich beschaulich fort. Es geht durch Heckenland und Wiesengrün, vorbei an Cottages mit Kletterrosen, an schönen Gärten, Eschen, Eichen, Azaleen. Devons Hauptstadt Exeter liegt mehr als eine halbe Stunde hinter uns; vor uns liegt das Land, die Landschaft: Countryside.

In Eggesford lassen wir den Gegenzug passieren, bis dahin hat die Strecke nur ein Gleis. Am Hang der Weide steht ein dunkelroter Buchensolitär, fern auf dem Hügel einsam eine Kirche. Im kleinen Bahnhof hängen Gardinen an den Fenstern, und an jeder Tür ein Schildchen: »Private«. Niemand steigt hier ein oder aus, kaum jemand wohnt in diesem Tal, und dennoch hält hier jeder Zug seit 1854. Lord Portsmouth hätte sonst der Eisenbahn sein Land nicht überlassen.

Weiter geht die Fahrt, am Fluß entlang, mit heiserem Signal vorbei am Backsteinbau des Fox and Hounds Hotel, das damals auch dem Lord gehörte wie der übernächste Halt dem Namen nach noch heute: Portsmouth Arms. Der nächste Bahnhof, Umberleigh, hat büschelweise Rosen auf der Plattform und warnt die Wartenden auf einem Schild vor seinem Dach mit losem Schiefer. Noch immer schnurrt der Zug das Tal des River Taw entlang, ins tiefste Devon, aus der Gegenwart zurück in die Vergangenheit. In Barnstaple sind wir am Ziel: Hier hängt am Bahnsteig zwischen bunten Blumenkörben eine runde Uhr mit Ziffern, aber ohne Zeiger. Das ist die Endstation der Tarka Line.

Tarka war ein Otter, wie es einmal viele gab in Devon. Er lebte nah der Mündung zwischen Taw und Torridge, wanderte die Flüsse auf und ab sein Leben lang, stets auf der Jagd nach Beute und dem Leben, und starb zuletzt wie ungezählte andere von seiner Art, gejagt, gehetzt, zerbissen von den Hunden. Erst ein Roman gab ihm ein zweites Leben, und weil er bloß erfunden war, lebt er noch heute hier in »Tarka Country«, seiner Heimat: »Tarka the Otter« – als Buch ein preisgekrönter Klassiker seit 1927. Mag auch sein Autor, Henry Williamson, noch 45 Bücher nachgeschoben haben: Keines wurde so berühmt wie jenes über Tarka, den Otter.

Wir sind in Tarkas Heimat unterwegs, auf seiner Fährte durch sein Wasserreich, wo heute seine Kindeskinder leben. 1992 hat Prinz Charles am alten Bahnhof Bideford den Tarka Trail eröffnet, einen Weg von 180 Meilen Länge, den Flüssen nach bis an den Rand des Dartmoors, im Exmoor auf die grünen Buckel, an der Küste schließlich hoch am Klippenrand entlang, alles in allem eine riesige Acht, deren Bögen sich in Barnstaple begegnen. Der Wanderweg auf Tarkas Spur berührt die einsamsten Regionen Devons, als Radweg führt er dreißig Meilen weit von Barnstaple ins Land. Und auch das letzte Stück der Eisenbahn von Exeter folgt Tarka und dem Wasser: Ein Schild warnt vor Verspätungen bei Hochwasser und schwerem Regen auf der Tarka Line.

Nach Barnstaple kam Henry Williamson im Frühjahr 1921 mit einem schnellen Motorrad aus London. Er war 25 Jahre alt, Zeitungsschreiber in der Fleet Street, mit 18 in den Krieg gerufen, mit 19 schon verwundet, einer der zornigen jungen Männer der *lost generation*. Mit der Großstadt und den Menschen war er fertig, im fernen Devon wollte er es noch einmal versuchen: anders. Für einen Shilling Sixpence die Woche mietete er sich ein Cottage auf dem Land, in

Georgeham, nah der Küste, und lebte hier mit Katz und Hund als Eremit, mit Möwen, Elstern, was sich eben fand, auch einem jungen Otter. Auf einem ihrer gemeinsamen Streifzüge fing das Junge sich in einer Falle für Kaninchen. Drei Zehen hatten ihm die Eisenzähne abgeschlagen. Williamson umschlang den Otter mit dem Mantel, öffnete das Eisen, doch das Tier entwand sich seinem Helfer, riß sich los – und ließ ihm fortan keine Ruhe mehr. Er suchte alle Flüsse ab und alle Seitenbäche, forschte wochenlang im Schlick nach Spuren der versehrten Pfote, aber sah sie niemals wieder. Was er fand, war die Idee zu einem Buch: »Tarka the Otter«. Den Namen hatte er erfunden, glaubte er. Später erst kam er dahinter, daß es in Wirklichkeit ein altes keltisches Wort war und »kleiner Wasserwanderer« bedeutete.

Jahrelang durchstreifte Williamson das Land, bis er die Otter und ihr Leben besser kannte als die Menschen, begleitete die Otterjäger auf der Jagd, studierte ihre Hunde und die Finten der Gejagten, immer in der Sorge, einmal bei der Beute einem Männchen zu begegnen, dem drei Zehen fehlten. Immer wieder schrieb er die Geschichte Tarkas um und gab sie anderen zu lesen, bis er glaubte, daß sie nichts mehr enthielt als die Wahrheit. 1927 kam das Buch heraus, gewidmet William Henry Rogers, einem Otterjäger, seinem wichtigsten Gewährsmann, und wurde schnell berühmt: Williamson erhielt dafür den renommierten Hawthornden-Literaturpreis aus der Hand John Galsworthys, Thomas Hardy lobte das Buch, und T. E. Lawrence zählte seine Winterszenen zum schönsten, was es überhaupt in seiner Sprache gebe.

Was das Buch erzählt, ist Tarkas reiches Leben von der Geburt bis zum Tod im Kampf mit seinem Erzfeind Deadlock, einem Otterhund. Es verherrlicht die Magie des Werdens und Vergehens gemäß dem Recht des Stärkeren; und wäre es als Modell gemeint, es wäre wohl einigermaßen bedenklich. Es endet dort, wo es beginnt, am River Torridge. Der Kreislauf der

Natur bestimmt auch Tarkas Leben, und deshalb machen wir uns hier auf seinen Weg. In Bideford, am Bahnhof East the Water, haben wir uns Fahrräder geliehen, um den Fluß hinaufzufahren. Die Bahnstrecke von Barnstaple nach Meeth ist 1982 aufgegeben worden und als Radweg heute Teil des Tarka Trails, eine komfortable Piste, 24 Meilen weit bis Petrockstowe, gestreut, gewalzt und kreuzungsfrei und ohne nennenswerte Steigung durch das Land am Wasser. Ein alter Eisenbahnwaggon dient in Bideford als Teesalon und Auskunftsschalter, der schmucke Bahnhof selbst als Büro von Tarka Project: So heißt die konzertierte Initiative verschiedener Verbände aus Naturschutz und Tourismus, die im Norden Devons, Tarka's Country eben, erstmals einen »grünen« Tourismus zu entwickeln versucht.

Träge treibt der Torridge neben uns durch sein Gezeitenbett, vorüber an Wiesen und Weidengebüsch; wir kreuzen ihn auf einer schwarzen, schweren Eisenbrücke, probieren einen Tunnel lang die Klingeln aus und überqueren wenig später noch einmal das breite Wasser auf einer leichten Gitterbrücke. Hier sehen wir zur Rechten Canal Bridge aus grauem Stein, den Viadukt von Rolle's Canal, die alte Frachtverbindung mit der See, die früh dem Bau der Eisenbahn geopfert wurde: Das ist Tarkas Heimat, hier stand am Ufer seine Wiege – im Roman. Und zwischen dem tosenden Wehr, wo die Forellen springen, und den grauen, runden Bögen seiner Brücke ging er auch am Ende unter nach einer Schlacht wie zwischen Sherlock Holmes und seinem Feind, Professor Moriarty: im letzten Satz drei große Blasen aus der Tiefe sind alles, was von Tarka bleibt.

Es geht am Fuß der Höhe von Great Torrington vorüber, dessen Bahnhof eine Kneipe namens Puffin' Billy ist und an die alte Eisenbahn erinnert. Hier folgen wir der Trasse einer Schmalspurbahn, die uns nun sacht, doch stetig aufwärts bringt. Es geht durch Haselnußgebüsch, an Eschen, Weiden und Birken vorbei weiter bis ins Moorgebiet mit Binsen. 1831 wurde hier die Marland Light Railway angelegt, um die höhergelegenen Tongruben bei Merton zu erreichen. 1925 wurde sie erweitert zur Normalspur, und bis in die achtziger Jahre hinein wurde so der weiße *ball clay* in groben Würfeln abgefahren, um zu den typischen White Marland Bricks gebrannt zu werden, aus denen hier die Häuser sind.

Bis zu sechshundert Meter in die Tiefe reichen die Tonvorkommen, und die aufgelassenen Gruben sind ein Eldorado für Wasservögel und Otter. Bis hierher konnten ihnen wohl die Hunde, aber nicht die Jäger folgen. Sie sanken allzu leicht im Boden ein. Auch Tarka war hier zu Besuch, hier traf er Marland Jimmy nah der Ziegelei, einen Otter-Veteran mit einem Riß im Ohr, der im alten Schornstein einer halbversunkenen Dampfmaschine wohnte und von dieser Welt weit mehr gesehen hatte als jeder andere. In einem dieser Tümpel fing Tarka einen Frosch, und hier probierte er zum ersten Mal Fasan.

Es gibt auch heute wieder Otter hier, nachdem die scheuen Tiere fast schon ausgerottet waren. Die Begradigung der Flüsse hatte ihren Lebensraum zerstört, die Pestizide hatten sich durch alle Nahrungsketten durchgeschummelt bis in ihr letztes Glied, den Otter, der von der Jagd und meist von Fischen lebt. Krankheiten und harte Winter setzten ihnen zu. Und erst seit 1978 ist die Otterjagd verboten. Inzwischen gibt es wieder einen lebensfähigen Bestand, doch noch immer sind Otter in England die seltensten Säuger, und wenn sich einmal einer blicken läßt, dann steht er prompt am nächsten Morgen in der Zeitung.

In Merton auf der Höhe finden wir die Gastwirtschaft zur besten Mittagszeit verschlossen. Ein alter Mann sitzt nebenan auf einem Küchenstuhl vor seinem Cottage, hält mit der einen Hand den Stock und mit der anderen einen großen Spielzeugelefanten, pink, aus Plüsch. »Es lohnt sich nicht mehr«, sagt er uns, als wir ihn fragen. »Montags haben die jetzt immer zu. Vielleicht in Petrockstow?«

So setzen wir jetzt alles, einem ungewissen Drink zuliebe, auf eine Karte, lassen die Räder talwärts sausen, am Sägewerk vorüber, hinab zur Bahnstation, und schieben sie erneut den Hang hinauf, nach Petrockstow zur Kirche mit dem Laurel's Inn – und sehen schon von weitem, daß die Mühe sich gelohnt hat. Da sind noch andere mit ihren Rädern, und zwei sogar aus Barnstaple, neun Meilen weiter noch entfernt als Bideford.

Am Abend sitzen wir in Appledore im Royal George am Meer und sehen, wie die Flut den Torridge in das Land drückt, ein intensives Blau im letzten Licht der Sonne. Barry heißt der Wirt, schmal wie ein Jockei und genauso bunt mit der karierten Kappe und der Hose. Er kocht, bedient und schreibt zuletzt am Tisch die Rechnung, stets mit derselben guten, aufgekratzten Laune. In den Winkeln um die Irsha Street am Wasser dreht sich alles um die See und um den Fisch, seit Hunderten von Jahren ist Appledore bekannt durch seine Werften, noch in den siebziger Jahren segelte von hier aus eine Nachbildung der Mayflower ins Land der Pilgerväter, und natürlich war vor Zeiten auch die Royal George ein Schiff, eines von den vielen, von denen später nichts zu holen war als nur ihr Name. 1782 schlug sie um nach einem Leck, gezogen vom Gewicht der eigenen Kanonen in den offenen Geschützpforten, und wurde zum Sarg für die ganze Besatzung, achthundert Mann.

Zweimal täglich winden sich der Torridge und der Taw durch Marschen und die hellen Sandbänke ins Meer, zweimal wird im Gegenzug die Flußmündung zur Meeresbucht. In Tarkas Buch liegt kalter Nebel über dem salzigen Land, und vom Exmoor kommt ein Wind wie von flüssigem Glas. Es ist Winter, und das Land ist weiß. Vor Appledore ergattern Tarka und seine Freundin Greymuzzle glücklich einen wilden Schwan, nur um ihn sich von einem Dachs dann wieder abjagen zu lassen. Sie hungern, und ihr Junges stirbt im Frost. Jetzt aber leuchten hier die letzten weißen Häuser in der Sonne, während schon das Exmoor unter dunklen Wolken liegt. Seine Küste ist das Ziel für morgen.

Mit der Bahn und mit dem Fahrrad sind wir nah am Fluß im Tal geblieben. Erst beim Wandern kommen wir hinauf, und gleich am ersten Tag so hoch wie niemals mehr an Englands Küste im Südwesten. Die Klippen haben grüne Buckel und an ihren Rändern einen Pelz von Heidekraut. Nur ein paar Meter hält sich hier die Bodenkrume, dann stürzt das Land in jähem Fall in den Atlantik. Am Rand der Klippe treffen wir auf eine einsame alte Dame mit einem Campingstuhl und einem weißen Block. Sie ist mit ihrem Aquarell nicht recht zufrieden: »Der Wind«, sagt sie, »er trocknet alles aus.« Doch immerhin: Die Felsenwände sind auf ihrem Blatt so rötlich grau wie vor uns die Natur. Und überdies sei Malen bloß ihr Hobby.

Wir wandern auf dem dünnen Torf durch Stechginster und Heide; die Weißdornbäume stehen knorrig-krumm im Wind und tragen lange Bärte von den Schafen. Es geht hinunter in das eingekerbte Tal des Sherrycombe und abermals hinauf. Hier steht das Farnkraut trocken, dicht und hoch und hat im Innern ein System geheimer Gänge für die Lämmer, die in Panik fliehen, als wir näherkommen. Es ist, als würden sie die düstere Geschichte von dem Schafdieb kennen, der sich eben hier, am höchsten Punkt der Küste, am Seil die Beute um den Nacken schlang und sich auf diese Weise strangulierte – Gehenkter und Henker zugleich: Great Hangman heißt nach diesem Zwischenfall der Ort, so wird gesagt, 318 m hoch, und an der höchsten Stelle noch von einem Haufen heller Steine überhöht. Hier werden wir vom Wind gepeitscht mit allem, was an uns nicht festgebunden ist. Der Weg zurück führt auf den Buckel Holdstone Down, noch einmal dreißig Meter höher. Das Grün wird weniger mit jedem Schritt, zuerst das Farnkraut, dann der rauhe Stechginster, am Ende ragen nur noch Wurzeln oder Steine aus dem Torf.

Hoch auf dem Exmoor wollte Tarkas Autor sterben, ein Sonderling und Misanthrop mit einer ungeklärten Schwärmerei für Richard Wagner, T. E. Lawrence und Adolf Hitler, die nur aus einem Punkt heraus entstanden war: Aus dem, was er verachtete, die Zivilisation.

So sind wir auch auf seiner Spur, als wir den Hügelzug der Chains besteigen und die Höhe, wo der Exe entspringt. Wir folgen einer Rinderspur im hohen Gras durch schmatzende Kissen von Binsen im Sumpf, zwischen denen schwarz und trügerisch das Wasser schillert. Chains Barrow ist ein rundes, flaches Hügelgrab im Moor, 487 m hoch, die höchste Stelle rings umher. Nur weiß getupftes Wollgras bis zum Horizont. Hier wollte Williamson begraben sein nach einem Leben voller Kampf, einsam wie ein stolzer Hirsch, das Wappentier des Exmoors. Hier wollte er sich in die Flammen eines Scheiterhaufens werfen, um sein Ende selbst zu bestimmen. Ein Träumer, keine Frage. So hatte man ihn 1932 schon genannt: Der Mann, der Devon träumte. Er starb in einem Pflegeheim in London im Sommer 1977, während man am alten Schauplatz Canal Bridge nach seinem Drehbuch den Roman verfilmte, und er starb am 13. August, exakt dem Drehtag für die große Sterbeszene Tarkas. Begraben liegt er nun in Georgeham, wo sein Traum von Devon einmal angefangen hat.

Eine Furt am Exe Head, flaches Wasser, ausgetreten von den zottig-grauen Rindern: Das ist der River Exe an seiner Quelle, ehe er sich aufmacht, um auf seinen 88 Kilometern fast alle Flüsse Exmoors an Exeter vorüber zum Kanal zu bringen, an die Englische Riviera, wo den Sommer über der Lavendel blüht. Hier oben gibt es nichts als Torf und Farn und Heide. Am Exe Head überwinden wir die Wasserscheide. Was fortan um uns gluckst und gurgelt, fließt schnurstracks in die Severn Sea. Dem Hoar Oak Water folgen wir durch seine Kerbe bis zum Hoar Oak Tree, einem unscheinbaren grauen Eremiten, eingezäunt wie schon in Tarkas Buch: »Caged from the teeth and horns of deer.« Dies war einmal ein Grenzsignal, einer von zwei Bäumen im gesamten Exmoor. Heute stehen unterhalb am Wasser saftig-grüne Buchen.

Beim Rückweg auf dem Hügelkamm der Chains liegt uns das ganze Land zu Füßen, grünes Patchwork bis zum Wasser, über das ein zweites Flickenteppichbild aus Sonnenlicht und Schatten jagt, Great Hangman in der Ferne, dahinter als ein heller Strich die Küste von Wales. Das Gras des Vorjahrs knistert trocken zwischen frischem Grün, und immer wieder werfen sich die Lerchen vor uns in den Wind und rezitieren hoch am Himmel Shelley, »To a Skylark«.

Nachts schlafen wir erholt in verborgenen Farmhäusern, deren Alter der ganze Stolz ihrer Besitzer ist: Fachwerkwände aus den Rippen ausgeschlachteter Segelschiffe, kleine Becken mit zwei Hähnen in der Schräge unterm Dach, mit bunten Potpourris auf breiten Fensterbänken und alten Heften *Country Living* auf dem Nachttisch. Morgens werden wir begrüßt mit Hinweis auf das gute Wetter.

Nur einmal schüttet es vom Himmel hoch: am Morgen, als wir losmarschieren, und am Abend immer noch. Auf schmalen Pfaden folgen wir dem Unterlauf des Hoar Oak Water durch die Böschung. Hier war es irgendwo, wo Tarka seinen Erzfeind Deadlock traf, den Bluthund aus der Meute. Ihr Zweikampf ist ein Höhepunkt des Buches vor dem blutigen Finale. Das Wasser braust und strudelt durch die Steine, als wir Watersmeet erreichen, eine Fischerhütte aus den Jugendjahren Queen Victorias, jetzt ein Shop und Teesalon des National Trust. »Waters meet«: Der Name ist Programm – hier fließt das Hoar Oak Water in den East Lyn River, und gemeinsam mit dem West Lyn River münden sie bei Lynmouth in die See. Das muß man erst einmal gesehen haben, wie hier die Wanderer die dampfenden Tabletts ins Freie holen, unters Dach, wo ihnen aus den Blumenampeln Regen in die Tassen trieft. »Dreadful«, sagen die einen, »not too bad«, die anderen: »It might clear up.«

Doch daraus wird an diesem Nachmittag nichts mehr. Und auf der Karte sehen wir, daß ausgerechnet heute unser Anhaltspunkt beim Marsch die letzte Farm vor Countisbury ist und daß sie ausgerechnet *desolate* genannt wird: trostlos. Wir steigen durch den lichten Eichenwald hinauf bis auf die freie Höhe, wo sich die Schafe an die flechtengrauen Mauern drücken, vorüber am einsamen Sandpiper Inn und vorbei an der Kirche des Evangelisten Johannes und geradewegs zum Klippenrand, wo der Sturm den Regen wie mit Peitschen vor sich hertreibt und wo der Anblick uns den Atem nimmt, trotz einer grauen Wand aus Regen.

Tief im Taleinschnitt am Meer liegt Lynmouth mit seiner Mole und den winzig kleinen Booten. Es muß ein anderer Regen gewesen sein als dieser heute, der hier am 15. August des Jahres 1952 niederging. Innerhalb von 24 Stunden waren auf den Chains neun Inch gefallen, als ein Wolkenbruch das Zeichen gab: Wie eine Sturzflut kam das Wasser aus den Bergen, und der Fluß riß Brücken, Bäume, Straßen, Häuser mit sich. Es war der Tag, als Lynmouth unterging, ein schwarzer Freitagabend. Bis zum Montag starben 34 Menschen, 39 Häuser waren ganz und 143 weitere zum Teil zerstört, 9 Straßenbrücken waren weggebrochen, 14 schwer beschädigt, und 19 Straßen waren nicht mehr zu passieren. Auf alten Zeitungsseiten kann man heute noch im Ort die schwarzen Autos hochgestapelt liegen sehen. Natürlich hat man Lynmouth wiederaufgebaut. Die schöne Sommerfrische der Jahrhundertwende, von 1898 bis 1935 durch eine Schmalspurbahn mit Barnstaple verbunden, war aber nicht wiederherzustellen.

Hier nehmen wir Abschied von Tarka und fahren mit der grünen Klippenseilbahn geradewegs die Wand hinauf nach Lynton. Trocken, warm, mit seinem Buch in Händen, treffen wir ihn aber schon am Abend wieder. Und da schwimmt Tarka gerade unter hochgetürmten Klippen in den Sonnenuntergang: Westwärts und zuletzt nach Hause.

Die Krähen fliegen rückwärts

Jamaica Inn im Bodmin Moor

Die Szene war so schaurig-wild: Sie mochte glatt erfunden sein. Das freilich war sie nur zur Hälfte. Erfunden war vielleicht der kalte, graue Tag voll Regen im November; erfunden auch die Kutsche mit dem Riß im Lederdach; die Gäste und der Kutscher allemal; doch sicher nicht die Szenerie: »Zu beiden Seiten der Straße dehnte das Land sich endlos hin. Keine Bäume, keine Wiesen, keine Weiler noch Häusergruppen, nur Meilen und Meilen öden Sumpf- und Heidelands, dunkel und unerforscht, gleich einer Wüste nach einem unsichtbaren Horizont hinwellend.« – Kein Platz für Menschen, denkt die Reisende, sogar die Kinder müßten hier verkrüppelt zur Welt kommen. Die Kutsche hält, die junge Mary Yellan steht im Dampf der warmen Pferde vor einem einsamen Gebäudeschemen; schon als sie anklopft, ist der Wagen weiter. Dann öffnet sich die Tür: »Willkommen im Gasthaus Jamaica.«

So beginnt »Jamaica Inn«, die schaurig-schöne Räuberpistole der vielgeliebten Dame Daphne Du Maurier von 1936. Ein Ritt durchs Moor an einem düsteren Novembertag im Regen hatte sie als junge Frau zu der Geschichte inspiriert. Es gab auch dieses Haus, das heute hier noch an der Straße steht, ein altes Coaching Inn, auf halbem Wege zwischen Launceston und Bodmin in die Ödnis aus Granit gesetzt, ein kühnes Unterfangen ohne Frage, das dann dem Flecken auch den Namen gab: Bold Venture oder Bolventor.

1989, früh im Jahr, hat Daphne Du Maurier den alten Tatort ihrer Imagination zum letzten Mal besucht, vier Widmungsexemplare ihrer Bücher hatte sie als Mitbringsel dabei. Dann fanden wir im Jahr darauf auf einem Sammlermarkt in Truro allerlei Gerätschaft, keine Schätze, bloß *collectables*, doch wertvoll durch den klein und golden aufgeklebten Zusatz: Aus dem Haushalt der verstorbenen Daphne Du Maurier. Am 14. April 1989 war die vielbewunderte Autorin auf ihrem nahen Herrensitz gestorben, auf Menabilly, dem »Manderley« aus ihrem wichtigsten Buch, »Rebecca«.

Jetzt hat Jamaica Inn, das Gasthaus im Moor an der Straße, die Schmugglerherberge von einst, ein eigenes Museum zu Ehren seiner Dichterin, den halben Arbeitsraum mit Schreibtisch, Zubehör und einer Probe jener Zigaretten, die nach ihrem Vater benannt waren. Hier weiß man, was man ihr verdankt: Nichts weniger als die gesamte Existenz. Denn seit im späten 19. Jahrhundert die Eisenbahn von Paddington nach Bodmin dampfte, stand die Postkutschenstation im Abseits und wäre heute längst vergessen, sicher wohl auch abgerissen, wenn Daphne Du Maurier sie nicht zum Schauplatz eines Bestsellers erhoben hätte: Soviel zur Wirkung von Literatur.

Heute sind die meisten Schienen in der Gegend ohnehin wieder demontiert, und statt der ausgefahrenen Kutschenspur zieht sich die A 30 großspurig und vierspurig durchs Moor. Jetzt ist Jamaica Inn ein Rasthaus, ein vielbesuchter Zwischenstopp der Urlauber im Sommer, ein Ort für Souvenirs und »Cornwall at its best«, wie mancher meint: nur echt mit Schmuggler und mit Augenklappe.

Und doch: Der Bus kommt auch kaum häufiger als damals im Roman die Kutsche, und häufig ist es nur der Schulbus über Blisland. Noch immer dehnt das Land sich hin nach beiden Seiten, noch immer gibt es weder Baum noch Weiler zwischendurch, ein ödes Sumpf- und Heideland, womöglich karger noch als Dartmoor, ein Bild, als wäre abseits des Asphalts der Mensch noch nicht erschienen.

»Wenn man auf das Moor kommt, kann man sehen, wie die Oberfläche Cornwalls aussah, ehe es dort Menschen gab«, schrieb Sir John Betjeman (1906–1984), Lyriker und Essayist, von seiner Königin geadelt und in den Rang des »Poet Laureat« erhoben, ein Mann der Großstadt, der dem rauhen Land im Westen Englands hoffnungslos verfallen war. Sein »Shell Guide Cornwall«, bloß ein Reiseführer, wird heute in den Antiquariaten als Rarität gehandelt. Freilich: Betjeman wußte es besser. Auch für ihn war Bodmin Moor »that sweet brown home of Celtic saints, that haunted thrilling land so full of ghosts« – das Land der Heiligen und der Gespenster, die Heimstatt versunkener Völker und Stämme, das Land der vorzeitlichen Rundbauten und Hüttendörfer, der Schädelstätten und Kapellen auf den Hügeln. Bodmin Moor bewahrt uns wie ein Palimpsest die Signatur von längst vergangenen Epochen.

Die Grabwerkzeuge der Archäologen haben im Verein mit Luftaufnahmen unter tiefer Sonne der rauhen Wüstenei auf Cornwalls hartem Rücken schon manches Geheimnis entrissen; das flache Streiflicht, das die letzten unbemerkten Feldbauspuren sichtbar machen kann, hat viel vom Text der kornischen Geschichte schon zu entziffern geholfen. Und doch hat Betjeman in einem recht: Die ersten Siedler werden jede Kuppe, jeden Tor, kaum anders vorgefunden haben als wir heute, wenn wir die letzte Straße erst im Rücken haben.

Überhaupt die Straßen: Es gibt ja nur die eine durch das Moor. 1769 wurde sie durch ein Gesetz beschlossen und gebaut, ein Mautpfad, der an seinen Schranken bald Gewinn abwarf, war er doch gleich sieben Meilen kürzer als die weite Nordumgehung über Camelford. Ansonsten sind nur kleine Nebenstrecken da, so breit wie eben eine Karrenspur, Wege, die bei einer Farm inmitten von Farnkraut enden oder auch im Nirgendwo und so den Reisenden zum Narren halten. Mit dem Auto kann man sich dem Bodmin Moor nur an den ausgefransten Rändern nähern, auf und ab und kreuz und quer, kaum weiter, als die Glocken reichen, mit denen früher die Verirrten bei Nebel oder Dunkelheit zurückgerufen wurden.

Da ist das Straßendörfchen Altarnun in einer Senke an zwei Abflußbächen des Granitplateaus, ein unbemerkter Weiler mit einer bestaunenswerten Kirche aus dem 15. Jahrhundert, genannt Cathedral of the Moor, der Innenmaße wegen und des Turms, der sich mit seinen Spitzen zu 33 m Höhe reckt. Größer ist in Cornwall nur St. Petroc's Church in Bodmin, am westlichen Ende des Moors. Petroc, und vor ihm schon Guron, hatten ihr keltisches Christentum nach Cornwall gebracht, ehe Augustinus fern in Canterbury die englische Mission begann. So kommt es, daß im fernen Westen beinahe jedes zweite Dorf nach einem Heiligen benannt ist, den die vertraute Hagiographie nicht kennt, St. Neot, St. Cleer und St. Clether, St. Tudy, St. Mabyn, St. Breward liegen rings um das Moor. Hier ist das Land solider Schiefergrund, das Urgestein dazwischen, 207 Quadratkilometer Granit, kaum ein Drittel der Fläche von Dartmoor, scheint dagegen ein satanisches Imperium zu sein. Die Heiligen und die Gespenster, die Betjeman in einem Satz vereint: Sie scheinen ihre geologischen Entsprechungen zu haben. Doch gegenwärtig sind sie alle miteinander, teils in Geschichten, teils in der Geschichte: Einmal, heißt es, kamen Händler auf den Markt nach Bodmin, boten reiche Waren feil zu einem Preis für jedermann, Samt und Seide, Westen, Roben, Blusen, Tücher, Handschuhe und Federhüte. Tage später ging der Tod von Haus zu Haus, zu spät verbrannte man die Kleider, und Ungezählte starben an der Pest. Der schwarze Tod kam mehrmals auf die Insel: Wer also will entscheiden, wieweit der Fall authentisch ist und wieweit bloß eine puritanische Moralepistel?

Natürlich heißt im Bodmin Moor das gurgelnde Gefälle eines Bachlaufs Devil's Jump, und in jedem Sturmwind offenbart der Teufel sich aufs neue. Denn es ist ja nicht das Wetter, das sich stöhnend da vernehmen läßt, sondern der grausame Verwalter und Zehnteintreiber Jahn Tregeagle, den der Böse in Person gezwungen hat, Dozmary Pool, den Teich im Moor, mit einer Muschelschale auszulöffeln. Anders kann er seine Seele nicht vor ewiger Verdammnis retten, also gar nicht, denn die Muschel hat ein Loch, und der Pool ist bodenlos, so wird erzählt! 1869 freilich war er einmal ausgetrocknet und zeigte seinen Grund. Doch an der Legende hat das nichts geändert, und noch heute fürchtet man im Bodmin Moor das grimme Ächzen Tregeagles.

Dozmary Pool, ein Stück nur weg von Bolventor, doch abseits der A 30, ist nach dem Jamaica Inn der meistbesuchte Fleck im Bodmin Moor. Wann immer uns der Weg dorthin geführt hat, saßen Leute dort beim Picknick nah am See, junge Ochsen standen in den Binsen, die Wolkenbilder jagten durch das Spiegelbild des Wassers, und einer in der Runde erzählte, was sie alle gern für möglich halten wollten: Hier war es, wo der sagenhafte Christenkönig Artus oder Arthur sein Wunderschwert Excalibur erhielt, dargeboten aus dem Wasser vom weißen Arm der Lady of the Lake. Merlin war sein Zeuge, und so glaubt man es bis heute. In Tintagel an der Küste wurde Artus geboren, im Tal bei Camelford am Rand des Moors steht heute noch die alte Slaughterbridge, »Gemetzelbrücke«, bei der er starb in seinem letzten Kampf mit Mordred, seinem Neffen oder Sohn. Und weiß man denn, ob Artus' sagenhaftes Camelot nicht bloß der andere Name von Camelford war?

Von hier aus führt ein Weg ins Moor und gleich auf Cornwalls höchste Berge. Vorüber an der Rough Tor Farm verläuft die Straße bis zum Rand des Moors mit dem Parkplatz der Forestry Commission. Die kleine Brücke aus Granit dahinter ist wie eine Grenze. Von nun ab gibt es weder Weg noch Steg, nur noch die Richtung: Geradewegs auf Rough Tor zu mit seinen Kuppen aus Granit: Showery Rock, Little Rough Tor, Logan Rock und Rough Tor selbst, 399,60 m hoch, der zweithöchste Gipfel von Cornwall. Hier grasen kleine Gruppen von Pferden, immer wieder Schafe bis zum Horizont, dazwischen Rinder wie aus fernen Zeiten, scheu und zottig, Highlanders mit mächtigem Gehörn, von dem die Fransen bis zum Maul hinunterhängen. Das Bodmin Moor ist nicht wie das Dartmoor ein geschützter Nationalpark; das Land ist Weideland der Farmer, die freilich in der Regel jedermann freien Zutritt gewähren, der sich an die offenbaren Regeln hält: Alle Gatter wieder schließen! Hunde an die Leine! Finger weg vom Vieh!

Das Vieh räumt freiwillig den Weg, und Gatter gibt es nur am Anfang. Der Boden federt unter jedem Tritt, überall bricht Granit aus dem moosigen Grund. Dann sehen wir den Rough Tor so wie Mary Yellan in »Jamaica Inn«: »Auf den hohen Felsblöcken standen aneinandergelehnt die Steinplatten als seltsame Formen und Gestalten, wuchtige Schildwachen, die da aufragten, seit die Hand des Schöpfers sie geschaffen hatte. Einige sahen aus wie riesige Möbel, ungeheure Stühle und schiefe Tische. Manchmal lag von den kleinen, zerbröckelnden Steinen einer auf dem Grund eines Hügels, der selber schon ein Gigant war, dessen ruhige Gestalt die Heide und das derbe, buschige Gras überdunkelte. Große, lange Steine standen weit zurückgelehnt und schienen wunderlich zu schwanken, als überließen sie sich dem Wind. Und da gab es flache Altäre, deren glatte und glänzende Flächen gen Himmel schauten, auf Opfer wartend, die niemals kamen.«

Von hier aus ist Brown Willy – wie er im Volksmund heißt – zu entdecken, 420 m hoch, der höchste Berg in Cornwall, der zwar braun ist, aber weder »Braun« noch »Willy« heißt, sondern Bryn Huel: Der Rücken mit der Zinnmine. Hier hat vor Jahrmillionen der Granit den Stein ringsum zu Erz gebacken. Von hier aus sehen wir die Gruben nahe Camelford, die Windrotoren nah dem Meer, die Steinskelette eines alten Hügeldorfs, am Horizont das Meer, davor das größte Loch von Menschenhand in England, die Schiefergrube von Delabole.

Tatsächlich: Wie ein Opferstein aus blutiger Vergangenheit sieht diese Kuppe aus, und die Vergangenheit ist nicht einmal so fern, nur eben anderthalb Jahrhunderte. Unten haben wir die Stele von Granit gesehen, die an einen Mord im Moor erinnert, das unverwitterliche Mahnmal einer Bluttat, die nach Blut verlangte und ihr Blut erhielt: 1844 wurde nah am Felsen ein Mädchen aus der näheren Umgebung, die Magd Charlotte Dymond, 16 Jahre alt, ermordet aufgefunden. Man hatte sie zuletzt mit ihrem Freund gesehen, einem Matthew Weekes. Der sagte aus, sie habe sich von ihm getrennt, um einen anderen zu treffen. Man kam nicht weiter in dem Fall, bis Weekes mit einem Mal verschwunden war. Als man ihn dann in Plymouth wiederfand, war das so gut wie ein Geständnis. In Bodmin machte man ihm den Prozeß und hängte ihn zuletzt, auch ohne weitere Beweise. Zwanzigtausend Menschen, heißt es, drängten sich, die Hinrichtung zu sehen. Man mußte damals wohl bis ins Gefängnis, um in Bodmin etwas zu erleben.

In Temple, einem Weiler nahe der A 30, wurde noch im 17. Jahrhundert wegen Schafdiebstahls die ganze Dorfbevölkerung, sofern sie männlich war, zum Tode durch den Strang verurteilt. Zwei kamen damals wirklich an den Galgen: Mehr Männer gab es nicht im Dorf. Die Weiber mochten unterdessen ihre Tür verriegelt haben, um mit den Fingern in den Ohren einzuschlafen. So steht es in »Jamaica Inn« und ist wohl nicht einmal erfunden.

Hinab durch Binsen führt der selbstgewählte Weg, dann wieder hoch am glitzernd-griffigen Granit, durch Heidekraut und Beeren, bis es nicht mehr höher geht in Cornwall. Nur die Krähen sind noch über uns und zeigen, wie der scharfe Wind sie fliegen läßt: rückwärts, mit dem Bauch nach oben.

Einmal haben wir hier oben Somerset gesehen, wie wir es gelesen haben, im Atlantik Lundy Island, über sechzig Kilometer weit entfernt, und das Landesinnere von Cornwall mit dem Innersten zuoberst: die weißen Abraumhalden bei St. Austell. Da haben wir den Weg herüber vom Jamaica Inn gemacht, weg von dem Lärm der Straße. Die Warnung, mit dem Kugelschreiber in den Pfosten eines Footpath-Zeichens eingekerbt, schien uns damals wie eine Ermunterung, der albernen Betriebsamkeit der renommierten Bleibe zu entrinnen: »Attention! Four hours nonstop there and back!« – So war es auch, vier Stunden hin und her, ein strammer Marsch, anfangs noch auf ungefügen Karrenwegen von zyklopischem Gestein, dann von Berg zu Berg in trockenem Gelände im Quellgebiet des Fowey, zuletzt genauso auch zurück mit Catshole Tor und Tolborough Tor. Da glänzte der Stausee von Collimond unter der Sonne, und wir wußten: Links davon erreichen wir Jamaica Inn mit seinem Souvenir-Shop und den Bars, dem Kinderspielplatz und den unerhörten Attraktionen von Potter's Museum of Curiosities and other Memorabilia: das achtbeinige Schwein, die Schule im Kaninchendorf, die Eichhörnchen im eleganten Zweikampf mit dem Degen, das Lamm mit den zwei Köpfen. – »Durch diese Tür«, so steht es an der Schenke, »gingen einmal Schmuggler, Riffpiraten, Schurken, Mörder ein und aus.« Doch das ist lange her.

Schon dreißig Jahre nach dem Buch war ihr »Jamaica Inn« nicht wiederzuerkennen, schrieb 1967 Daphne Du Maurier. Wenn sie mit dem Auto hier vorüberfahre, fühle sie sich schuldig, gab sie zu – als Autorin zwar geschmeichelt, doch als Wanderer von einst bestürzt: »Today all is changed.« Und noch einmal, mit Keats: »Changed utterly.«

»Forget about Land's End!«

Wandern am Atlantik

»Forget about Land's End!« – Der alte Herr saß hoch am Rand der Schieferklippe zwischen Padstow und Portquin. Vor ihm auf der Holzbank stand die Box von »Tupperware« mit allerlei zum Lunch von seiner Frau, daneben lag das Fernglas seines Vaters und darunter die jahrzehntealte »Ordnance-Survey«-Karte, die sein Großvater ihm hinterlassen hatte. Wir hatten ihn schon früh entdeckt, allein im Wind, ein wenig langsamer als wir, auch weil er immer wieder innehielt, um mit dem Glas die schwarzen Kormorane zu beobachten. Dann hatten wir ihn eingeholt auf seiner Bank: Wir wünschten ihm »good afternoon«, »enjoy your meal« – und kamen ins Gespräch: Klippenwind verbindet, und Alleinsein macht gesprächig.

Auch er war zu Besuch hier. Aber er war hier geboren. Jetzt lebten sie in Sussex irgendwo und kamen nur noch zwischendurch an den Atlantik, der Enkelkinder wegen. An manchen Tagen war er dann alleine unterwegs, die Küste seiner Kindheit zu besuchen. Wir hätten keinen besseren Berater finden können. Er faltete das graue Segeltuch der Wanderkarte auseinander und zeigte uns, soweit sie reichte, was er mit ausgestrecktem Arm die Küste auf und ab und fern am Horizont erklärte, Brown Willy und Rough Tor, die beiden Tafelberge hinter uns im Bodmin Moor, die Klippen auf der Höhe von Tintagel, den Küstenstrich in Gegenrichtung mit dem weißen Leuchtturm über Trevose Head, dunkel vor dem Widerschein des Meeres, gab Hinweise auf Zeit und Meilen und immer wieder Tips zum Wandern. Nur eine Warnung war dabei: »Forget about Land's End!«

Er war erst kürzlich wieder dort gewesen bei seinen Fahrten in die eigene Vergangenheit und hatte kehrtgemacht vor einem Zerrbild aus der Zukunft: Cornwall als der Playground für den Rest von England, das braune Chaos von Granit herausgeputzt zum bunten Freizeitpark. Gewiß, die Aussicht auf die Scilly-Inseln war noch so wie stets, auch die braunen Felsensäulen und das weiße Tosen in der Tiefe, doch scheint nun niemand länger der Natur allein zu trauen: Jetzt findet das Spektakel obendrein im Saal statt, so falsch wie die Säulen am Eingang; und für die eiligen Besucher gibt es Little Cornwall nebenan, ein Dörfchen en miniature mit Cottages und Kirche und einer alten Zinnmine, so malerisch und ruinös wie alle auf dem Weg nach Zennor.

Wir wußten, was er meinte, unser Ausflug nach Land's End, knapp zwanzig Jahre nach dem ersten, lag nur ein paar Tage zurück. – »I will here sit me downe and rest«: Wenn Richard Carew seinen »Survey of Cornwall« neu zu schreiben hätte, er schriebe diesen Satz gewiß nicht wieder bei Land's End, wie 1602. Doch hier womöglich, wo wir heute beieinandersitzen, hoch auf dem Fischschwanz der Klippe The Rumps.

Ansonsten aber hat sich nicht so viel geändert mit den Jahren: Auch dafür stand der alte Herr mit seiner alten Leinwandkarte. Alle Wege sind verzeichnet, ausgenommen nur die Umgehungsstraßen und der Ausbau der A 30 hoch auf Cornwalls gewölbtem Rückgrat. Die alten, tief ins Erdreich eingekerbten Karrenwege sind inzwischen asphaltiert, jetzt taugen sie zum Wandern nicht mehr recht und auch zum Autofahren nur bedingt. Mehr als einmal sind wir mit dem Wagen hart entlanggeschrammt am Weißdorn in der Böschung. Die Absicht, wandernd auch das nahe Hinterland der Küstenlinie zu erkunden, hatten wir bald aufgegeben; zu häufig endeten die Wanderwege in Traktorspuren und Morast. Dafür hat die Klippe mit dem gutmarkierten Coast Path viel an Abwechslung zu bieten.

Auf dem feinen Sand der Camel-Mündung haben

wir an diesem Tag begonnen, sind den weißen Hinweissteinen geradewegs über den Golfplatz von St. Enodoc gefolgt, berühmt-gefürchtet wegen seines »Himalayas«, des größten Sandbunkers der Welt, und weiter durch die Salzluft und die Dünen bis zum Kirchlein von St. Enodoc. Gerade mal der spitze Turmhelm überragt wie ein krumm gedrehtes Eishörnchen die Tamarisken der Umfriedung. Gleich rechts vom Lychgate, dem überdachten »Leichentor« zum Friedhof, liegt Sir John Betjeman begraben, bis 1984 *poet laureate* der Queen, daneben viele »unknown sailors«, wie der formelhafte Grabspruch immer wieder sagt. Allein an einem Sommertag, am 20. August des Jahres 1752, zerschlug der Sturm auf den paar Meilen zwischen The Rumps und Tintagel im Norden 15 Schiffe. Auch im Turm die kleine Glocke stammt von einem Wrack: »From Padstow Point to Hartland Light / Is a watery grave by day or night.« Auf alles, was zu lernen war, hat sich der Volksmund seinen Reim gemacht.

Sogar das Kirchlein selbst lag jahre- und jahrzehntelang im Dünengrab. Erst 1864 ist es wieder freigebuddelt worden, vorher hatte man den Pfarrer einmal jedes Jahr am Seil durchs Dach hinabgelassen, damit die Kirche von St. Enodoc ihr Privileg behielte. Behalten hat sie davon aber ihren zweiten Namen: Sinkininney Church – »Sink-ein-hinein-Kirchlein«.

Unser alter Wanderfreund genießt es sichtlich, daß wir die Geschichte kennen – und Cornwalls Küste –, und so auch die Legende von Portquin, das für den Nachmittag noch vor uns liegt. Er schaut noch einmal durch sein kanadisches Glas, ob er uns noch etwas zeigen könne für die nächsten Tage. Im Winter, sagt er, wenn es klar ist, kann man bis nach Wales hinüberschauen, Lundy Island sieht man sowieso. Von dort kam früher der Granit als Baustein, auch für die schöne Kirche mit dem hohen Turm von St. Endellion, oben an der Straße, an der wir uns nun eine Zeitlang orientieren.

Den Weg braucht unser Freund uns nicht zu zeigen, der findet sich von selbst: Am Rand der Klippe immer weiter, auf und ab durch jede Welle im Gelände, und dabei stets dem gelben Eichelzeichen für den Coast Path nach. Wir winken noch einmal beim Blick zurück und sehen nun, woher The Rumps ihren Namen, »Hinterbacken«, haben: das Hügeldoppel hat tatsächlich diese allerwerteste von allen Formen. Dazwischen, in der Mulde, siedelten die ersten Menschen schon zur Eisenzeit. Die Spuren ihrer Klippenfestung sieht man leicht mit bloßem Auge aus der Ferne.

So geht es weiter durch den Wind, entlang an flechtengrauen *hedgelines*, wie man hier, wo alle Hecken fehlen, die sorgsam mörtellos im Fischgrät-Ornament gelegten Felssteinmauern dennoch nennt, die mit den Hügeln auf- und niederlaufen, vorbei an kleinen nässedunklen Inseln, die wie getüncht vom Kot der Vögel wirken, alleine mit den Möwen und den Schafen, allezeit dem Wind entgegen, wie es scheint.

Cornwall liegt so offensichtlich abseits, fern von England, das tatsächlich nach dem allgemeinen Sprachgebrauch erst am Tamar beginnt, abseits der Geschichte, eher den Gezeiten als dem Lauf der Zeiten unterworfen, daß man sich zu wundern hat, wie sehr jeder Flecken fest verbunden ist mit einer eigenen Geschichte. In diesem Land, durch das in ferner Zeit die Heiligen gezogen kamen, keltische Missionare zumeist, die in Rom und in den offiziellen Heiligenregistern keiner kennt, die aber hier auf jeder Landkarte als Ort lebendig sind, St. Teath, St. Mabyn und St. Neot und ungezählte andere – in einem solchen Land sind die Geschichten meist Legenden wie die des Eremiten Enodoc und die der schönen Menfre oder Menefreda, der heiligen Patronin in St. Minver: Sie saß dort arglos vor dem Spiegel bei der Toilette und kämmte sich das Haar wie Loreley, als ihr der Teufel nahetrat, um sie zu ärgern. Sie warf im Zorn den Kamm nach ihm, und er, in seiner Not, fuhr mitten durch den Fels zur Hölle. Das Loch ist heute noch zu sehen, Lundy Hole, ein Durchlaß in der Klippe, durch den wir auf den Strand von Lundy Beach hinunterschauen, die Ruine einer Höhle in den Klippen, doch zugleich auch ein Beweis des Glaubens, wenn schon nicht des Teufels.

Der Teufel hatte auch die Hand im Spiel bei Doyden Castle, einem kleinen *folly*, wie man hier ein solches Lustschloß nennt, das auf der Klippe vor uns liegt: Das gotisch inspirierte Häuschen mit seinen Zinnen und Fialen wünschte sich der Bonvivant Samuel Symons aus Wadebridge an der Camel-Mündung 1827 mitten auf die Klippe. Was er dort trieb mit seinen Freunden in der Nacht, davon schweigt die Überlieferung. Viel Gutes wird es nicht gewesen sein, und einmal überspannte er den Bogen: Da peitschte er die Pferde mit Gespann zur Klippe und stürzte mit der Kutsche in den Tod. Wer, wenn nicht der Teufel, hat Samuel Symons nun in der Hand?

Hinter Doyden Point erreichen wir Portquin, weit eher eine Bucht als bloß ein Hafen. Als wir uns vor zwanzig Jahren ungefähr, auf einer Reise nach Land's End, zum ersten Mal hierher verirrten, stand kaum ein Haus am Slipway – und erst recht kein Auto. Kletterpflanzen hatten die Gemäuer überwuchert, der Rest gab Rätsel auf. Später haben wir hier einmal 14 Tage lang gewohnt, zwei Wochen voller Regen, in einem Cottage des National Trust nah am Schlick. Im Winter vorher war bei Doyden Point der griechische Frachter Skopelos Sky zerschellt und halb gesunken, und unablässig kamen die Touristen an die Tür und fragten nach dem Weg zum Wrack – und wie man denn als Deutscher an ein solch wunderbares Haus gekommen sei!

Niemand unter ihnen ahnte, daß Portquin daneben ein wirkliches Rätsel umgab, die Frage nach dem Untergang des Ortes, auf die nur wieder die Legende wirklich eine Antwort weiß: Es war ein Sonntag und es war ein Sakrileg, als in ihrer Not die Männer von Portquin zum Fischen fuhren. Viele Wochen waren sie vergebens ausgefahren, die Netze waren alle leergeblieben, als habe Gott sie prüfen wollen. Doch daran dachte niemand, als sie allesamt in ihrer Not die Sonntagsruhe brachen. Diesmal fingen sie soviel, daß ihre Boote es nicht fassen konnten – und alle gingen mit den schweren Booten unter.

So oder doch so ähnlich wird es hier erzählt, mal war ein Sturm der Grund und mal der Zoll, doch jedesmal erzählen die Geschichten das unerklärliche Verschwinden eines blühenden Gemeinwesens. 1841 gab es hier noch 23 Häuser, in denen 94 Menschen lebten. Das Kirchenregister von St. Endellion nennt für das Ende des Jahrhunderts auch immer wieder Menschen aus Portquin, doch ihr Beruf ist dann als »Arbeiter« verzeichnet – als hätte niemand mit dem Meer zu tun als Fischer oder Seemann. Und in der Tat: Die Cornish and Devon Post vermerkt in ihrer Ausgabe vom 20. Oktober 1877 den größten Sturm »to surpass anything of the kind within living memory of the oldest inhabitant«. Es war ein Sonntag, heißt es weiter, und er hatte friedlich angefangen. Womöglich war es also doch so, wie die Leute es erzählen und wie es ein Gemälde fern in London zeigt: Frank Bramleys »Hopeless Dawn« in der Tate Gallery.

Port Isaac, unser Ziel am späten Nachmittag, ist ein betriebsamer, munterer Hafen, in dem die bunten Boote, seitlich abgestützt, auf die Flut warten. Und nicht einmal die düstere Geschichte aus dem Alten Testament von Abraham und seinem Sohn legt wirklich ihren Schatten auf die Bucht und die geweißten Häuser, denn der Name von Port Isaac verballhornt unverstanden einen anderen: »Portizick« oder »Issyk«, und das meint »Getreidehafen«. Hier handelt man mit Hummern und Langusten, seitdem die Pilchards ausgeblieben sind, sardinengleiche Fische, deren Schwärme früher einmal Cornwalls Reichtum waren, und schon seit dem Ende des vergangenen Jahrhunderts ist Port Isaac ein Urlaubsort. Seine Schiffsunglücke hat auch dieser Ort erlebt, dazu den

Sturm von 1910, als im Golden Lion nah am Hafen die Brecher durch die Fenster schlugen – und zwar durch die im Obergeschoß, wo wir heimlich die verschwitzten Sachen wechseln.

Nach solchen Wandertagen sind wir abends gerne in St. Kew im alten, weitgerühmten Gasthaus, bekannt für seine Steaks und für sein Real Ale. Hier stehen stets dieselben an der Theke, ein paar der Leute aus dem Dorf, zur Sommerzeit vor allem Urlauber, montags auch die Ringers, die Glockenläuter nach dem Training. Wanderer sind nicht darunter, so vielen man unterwegs auch begegnen mag. Unser abendlicher Thekennachbar, den wir Lobster nennen, weil wir weiter keinen Namen für ihn haben und weil er jeden Strahl der Sonne auf seiner halben Glatze auch noch abends vorzeigt, erzählt von England und von seiner Arbeit und fragt uns nach der Tour des Tages.

Und wir erzählen von den Küstenstrichen bei St. Ives, von den malerischen Klippen der Bedruthan Steps am Strand bei Newquay, den pittoresk verfallenen Maschinenhäuschen in den Klippen bei Land's End, von Fowey und vom Bodmin Moor, von jenem fein zerstäubten Regen, der hier *drizzle* heißt, wie von Wolkenbrüchen, deren Bäche aus den Brombeerbüschen schießen, abwärts auf dem Weg, zuletzt vom Muskelkater und den roten Striemen, die der *gorse* gerissen hat, der kurze, harte Stechginster.

Tintagel, hofft er, kriegt er auch noch hin. Im Fernsehen war neulich ein Bericht, King Arthur's Burg – und was man denn davon zu halten habe. Als wir Tage später nach Tintagel kommen, liegt nasser Nebel auf dem Cliff. Den Ort mit seinen öden Souvenirs von König Artus haben wir schon hinter uns gelassen, jetzt ragen aus dem Gras des Kirchhofs die Grabsteine wie Auferstandene empor in breiter Rüstung, Artusritter allesamt. Doch lange ehe wir die gut geschützte Bucht von Boscastle erreichen, hat schon ein Wind die Nebel weggerissen. Der Tag hat sich gelohnt wie alle. Wanderzeit ist jederzeit.

Der South West Peninsula Coast Path, der von Somerset bis Dorset reicht, 515 Meilen auf und ab am Meer entlang, ist das ganze Sommerhalbjahr über gut belebt. Von Ostern bis Oktober dauert die Saison, verrät uns Martin Hunt, ein Wanderführer, den wir zuletzt für einen Tag begleiten. Manche kommen auch im Winter für ein Wochenende her, vier Stunden mit dem Zug von Paddington bis Bodmin, fünfeinhalb bis nach Penzance, um den Alltag ein paar Tage auf der Klippe in den Wind zu hängen.

Durch hartes Heidekraut erreichen wir den Felsenrand der Robbenbucht, in der die See wie wütend schäumt und weiße Muster auf das Wasser wirft. Nanjizal heißt die Bay, zwei Kilometer südlich von Land's End. Die weißen Bauten auf der flachen Höhe wären keine halbe Stunde weit entfernt. Doch Martin Hunt schwenkt links, und wir mit ihm, und Englands Ende liegt nun hinter uns. »Forget about Land's End!«

Hier splittert nun kein Schiefer mehr, hier mahlen wir beim Wandern den Granitstaub in der dünnen Spur im Gras; es geht hinauf und wieder auf das Meer mit den Zyklopenmauern zu, vier Meilen senkrechten Granits, und bis zu sechzig Meter hoch. An den Abrißkanten ragt der braune Fels in hohen Quadern aus dem Wasser, tief unten in steilen, gekanteten Säulen, zum torfig-weichen Erdreich hin in Blöcken voller Spuren der Verwitterung.

Buchstäblich en passant zeigt Martin eine Ader Turmalin im aufgerichteten Granit, erklärt den Quarz, der in der Sonne funkelt, und läßt uns an den Flechten fühlen, die bei Trockenheit so hart wie eine Küchenreibe sind und wie ein Lappen, wenn es regnet. Im Hafen von Porthgwarra tätschelt er den Felsen: Das alles hier, so sagt er, ist ungefähr fünfmal so alt wie die Alpen. In einer Handvoll Sätzen läßt er leicht dreihundert Jahrmillionen spielerisch vorüberziehen. Hier standen einmal Berge, höher als der Himalaya. Cornwall war ihr Untergrund, freigelegt vom Regen in den feinen Rissen des erkalteten Gesteins, verweht vom Wind und abgetragen von den Flechten, die beharrlich Feldspat in Hefe und Zucker zerlegen.

Drei Boote liegen auf dem Slipway von Porthgwarra, das uns wie von fern bekannt erscheint, oberhalb die kleinen Cottages aus graubraunem Granit, ein rauher Anblick hinter zarten Tamarisken, die den Golfstrom ahnen lassen. Von dort aus führt ein Tunnelgang gleich durch den Fels hinab ans Wasser, wo braune Algenbänder dicht gepackt den Seewind würzen.

Auf der Höhe deutet Martin hinter uns auf Gwennap Head, die flache Höhe, die wir vor Porthgwarra überwunden haben. – »Das ist Land's End, das richtige Land's End: Das ist die Klippe, die den Atlantik vom Kanal trennt, dort stoßen Süd und West zusammen.« Dann geht es weiter durch die Brombeerranken aufwärts, weiter nach St. Levan's Bay mit schweren Stufen bis zum Strand, die von St. Levan selber stammen sollen, vorüber an Porth Curno mit dem griechisch inspirierten »Minack Theatre«, wo neben Sophokles und Shakespeare der Wolkenhimmel auf dem Spielplan steht, am Logan Rock entlang und auf dem Coast Path bis zur Penberth Cove, wo Martins Frau Elizabeth im Hafen schon mit dem VW-Bus wartet – dazu mit Cornish Cream Tea, malerisch auf einer Decke und auf einer fremden Motorhaube ausgebreitet: Tee aus dicken braunen Kannen, Erdbeermarmelade, zähe, schwere *clotted cream* und *scones*, für die sie heute früh um fünf schon aufgestanden ist.

Und irgendwann auf diesem letzten Stück des Weges fällt uns wieder ein, woher wir Porthgwarra kennen: Hier geht ein Buch von Le Carré zu Ende, »Der Nacht-Manager«, bis hierher zieht er sich zurück, bis nach Land's End, als endlich alles überstanden ist. So wie sein Autor immer wieder: fernab von der Welt, am Rand von England – und doch nur eine Nacht im Zug entfernt von Paddington.

Epilog: Der Club der guten Absicht

Englands National Trust

> *»Visitors' chairs are labelled, others may collapse«*
> Aufschrift auf einem Sitzmöbel in NT-Haus Standen, Sussex

Nach mehr als tausend Kilometern waren wir am Ziel: Vor uns senkten sich im Farn die Klippen Cornwalls in die flaschengrüne See. Wir fanden rasch den Hohlweg hinunter ans Wasser, zu der halben Handvoll Cottages. Eins davon war unseres für vierzehn Tage. »The key will be under the door mat unless otherwise stated«, so hatten wir es schriftlich in der Tasche, schwarz auf weiß. Ein wenig skeptisch hatten wir noch telefonisch nachgefragt und aus Lanhydrock Park nur ein »Yes, of course!« erfahren. Wir hoben die Fußmatte hoch, und wir fanden den Schlüssel.

Es gibt viele Arten, mit dem National Trust bekannt zu werden: Dies war unsere. Und wir kannten ihn noch kaum, da mochten wir ihn schon: Ein unnachahmliches und einzigartiges Gebilde, so britisch wie die kleinen Rettungsboote mit den Sparschweinschlitzen auf den Theken längs der Küste, ein mächtiger Verein zum Schutz der schönsten historischen Landschaften, Gärten und Häuser von England, Nordirland und Wales, der größte Landbesitzer auf der Insel neben der Armee, der seinen Schlüssel Fremden, gegen nichts als einen unbekannten Scheck, vertrauensvoll unter die Fußmatte legt wie sonst nur die Bestellung und die Pennies für die Milch.

Das war 1980. Schon auf der Fahrt nach Westen waren uns die Straßenschilder aufgefallen, braun und weiß mit Eichenlaubsymbol, auf denen immer wieder die Besitzungen, die Parks und Herrenhäuser, längs der Strecke ausgeschildert waren, von den weißen Klippen Dovers bis Saint Michael's Mount. Der National Trust war damals 85 Jahre alt und zählte 949.323 Mitglieder. Heute sind es nahezu 2,7 Millionen, 2.219.497 akkurat zum Gründungsstichtag im Januar des Jahres 1995, in dem der stolze und erstaunliche Verein bereits mit der Bilanz (»The First Hundred Years«) zum Weitermachen aufrief. Auch dieser Zuwachs gibt dem Duke of Westminster und seinem vielzitierten Statement recht, mit dem er 1894 seine Meinung offenbarte: »Mark my words, Miss Hill, this is going to be a very big thing.«

Octavia Hill, eine kritische Sozialarbeiterin, die sich im Londoner Wohnungsbau einen Namen gemacht hatte, der Pfarrer Hardwicke Rawnsley aus dem Lake District und der Rechtsanwalt Sir Robert Hunter mit einer Leidenschaft für Surrey: Diese drei hatten sich damals im Londoner Grosvenor House des Duke of Westminster getroffen, um einen neuen Verein zu begründen, mit dessen Hilfe sie bedrohte Stätten in die Obhut nehmen wollten. Am 12. Januar 1895 wurde er mit hundert Mitgliedern als gemeinnütziger »National Trust for Places of Historic Interest or Natural Beauty« auf Non-profit-Basis amtlich registriert. Sein erster Landbesitz war eine Schenkung: drei Hektar walisische Küste mit Namen Dinas Oleu. »Wir haben endlich unser erstes Stück Land erworben«, schrieb damals Miss Hill. »Ich frage mich, ob es wohl das letzte ist.«

Heute gehören dem National Trust 248.000 Hektar Land und annähernd 600 Kilometer Küstenlinie in England, Nordirland und Wales. 207 historisch bedeutsame Häuser, 162 Gärten, 25 Industriedenkmäler, 51 Klöster, Kirchen und Kapellen und 18 Taubenschläge waren zum Jahrhundert-Jubiläum in der Obhut des Trust, wenn auch nicht alle in seinem Besitz, Inseln, Klippen, Dünen, Moore, sechzig Dörfer, 39 Kneipen, 1200 Farmen, vierzigtausend archäologische Stätten ebenso wie eintausend Skulpturen, eine

Million Bücher, hunderttausend Grafiken und Zeichnungen und achttausend Ölgemälde. Der Herzog hatte es geahnt: Es wurde die ganz große Sache. Auch die Sache der ganz Großen: Schirmherrin von alledem ist »Queen Elizabeth, the Queen Mother«, populärer als »Queenmum« oder Königinmutter, Schirmherr der Jubiläumsfeierlichkeiten war »His Royal Highness, The Prince of Wales«, ihr Enkel Prinz Charles, und noch die Postanschrift ist eine große, nämlich königliche, Sache: 36 Queen Anne's Gate, London.

Unsere Adresse war für eine Woche »Saxon Cottage, Church Street, Steyning, West Sussex«, als wir im Jubiläumsjahr nach England fuhren, um dem Jubilar die Ehre zu erweisen. Muß man sagen, wem das Haus gehört? 250 Feriencottages, vom alten Leuchtturm und der Zöllnerklause bis zum kleinen Schloß, zählen gleichfalls zum Imperium der guten Sache.

Steyning in den Downs bei Brighton ist eines jener hübschen Örtchen, die man hier mit Stolz als »self-contained« bezeichnet: klein und alt, doch munter und vor allem lebensfähig, keine Schlafstadt für die Pendler in die City; schlichtweg ein Bilderbuchdorf mit um die hundertfünfzig denkmalwerten Häuschen aus verschiedenen Epochen, ein Ort wie ungezählte andere in England und typisch allemal für das, um was es geht: die Erhaltung seiner durch Jahrhunderte hindurch gereiften Individualität. Wer durch solche Orte fährt, versteht die hundertjährige Idee des Trust sofort. 1066, als die Normannen ihre Beute numerierten, war Steyning die viertgrößte Stadt von Sussex, der River Adur war noch schiffbar, und das Örtchen hatte einen eigenen Hafen. Einen eigenen Heiligen hat es noch heute: Saint Cuthman, einen Hütejungen aus dem Westen, der sein Land verlassen mußte, als der Vater starb, und der in einer Karre seine alte, verkrüppelte Mutter ostwärts zog, bis das Gefährt zerbrach. Dort blieben sie, und Cuthman baute eine erste kleine Kirche.

Jetzt steht an diesem Platz die wuchtige normannische St. Andrews Church mit einem steinernen

Schachbrettmuster im schweren Gemäuer, und wenig mehr als einen Steinwurf weiter fanden wir das Cottage, um 1550 ganz aus Eichenfachwerkholz gebaut, mit einem kleinen Garten ringsherum, Rosen an den Außenwänden, bleiverglasten kleinen Fenstern, vernarbten Fußbodendielen und einer steilen Treppe unters riedgedeckte Dach: malerisch und oft gemalt, im Zeitungsladen auch als Ansichtskarte mitzunehmen.

Um dieselbe Zeit, da man das Cottage baute, wurde gegenüber auf dem »Chantry Green« ein John Launder als Ketzer verbrannt, weil er nicht in den gegenreformatorischen Schoß von »Bloody Marys« Katholizismus zurückkehren wollte. Queen Mary, Heinrich Blaubarts Tochter, blieb ein bloßes Intermezzo für die Insel, dann kam Elizabeth und ließ auch bald die Kirche von St. Andrew reparieren, denn die galt 1578 als »fallen into decaye and ruyne«.

Unser Cottage prangte frisch in gelben Tönen. »Dear delightful Saxon Cottage, cosy and comfortable our stay has been«, heißt es poetisch im »Visitors' Book«: Was wäre dem hinzuzufügen? Morgens kam uns Robin, unser Rotkehlchen, auf einem Fensterbrett besuchen. Die alten Balken knackten vor Behaglichkeit, das Wasser aus der Leitung erschreckte jeden Morgen neu die Zähne, doch sonst gab es jeden Komfort. In ihrer Schrift von 1913, »Steyning Sussex«, berichtet Anna M. Butler, daß im ganzen Haus kein Nagel steckt, dabei war doch Sussex einst die Nagelschmiede der Nation. Vermutlich sei das Haus der überlebende Rest eines ehemals größeren Hauses, das irgendwann vom üblichen Geschick der riedgedeckten Holzbehausungen getroffen wurde, dem Feuer. Jetzt hängen an den Zimmerdecken flache weiße Plastikdosen, und einmal, als wir uns das »Gammon Steak« zu scharf im Ofen grillten, schlug ein solcher Rauchmelder im »living room« gellend Alarm und mochte sich noch lange nicht beruhigen, auch nachdem wir die Küchentür mitsamt der Haustür aufgerissen hatten.

In einem solchen Häuschen, reichlich ähnlich, gar nicht weit von hier entfernt, hatte es vor Jahren angefangen: 1896, nun schon mit 150 Mitgliedern, erwarb der junge Verein sein erstes Stück, das ruinöse Pfarrhaus von Alfriston in den Kreidehügeln der Downs nahe Eastbourne, ein schönes Fachwerkhaus des 14. Jahrhunderts vom Typ des für die Gegend prägenden Hallenhauses. Zehn Pfund: das war damals der Preis. 350 kostete die Renovierung, und ungleich teurer war sie wieder 1977. Der Boden wurde damals nach der alten Art gestampft, aus saurer Milch und Kreidebrocken, so daß es wochenlang zum Himmel stank. Heute duften um das Haus Lavendel und Levkojen, wachsen Erbsen, Feigen, Mohn. In der Halle mit der großen Feuerstelle verrät uns der freundliche Aufseher, daß nicht nur totes Inventar zum Haus gehört. Hier nisten Fledermäuse einer Art, die nicht kopfunter an den Balken hängt, sondern sich heimliche Hohlräume sucht. Fünfzehn oder zwanzig Exemplare insgesamt, so schätzt er, schwer zu sehen, die das Haus durch ungeahnte Ritzen im Gebälk verlassen. Sie stehen unter Schutz, auch unter seinem, und er erklärt uns jetzt mit Umstand seinen neuen Titel: Fledermausbewacher ehrenhalber. In England behütet der National Trust auf diese Weise auch 14 Arten Fledermäuse, 71 Vogelarten und 52 Sorten Schmetterlinge. Grün war der Verein von Anfang an. Heute ist der National Trust auch die größte Naturschutzorganisation in Großbritannien. 24 nationale Naturschutzreservate gehören ganz oder partiell dem Trust, und in den Downs kämpft er darum, daß die sanft gewellten Weiden nicht noch mehr vom Pflug zerrissen werden.

»The Downs are sheep, the Weald is corn«, so hatte Rudyard Kipling noch im Vers die naturräumliche Gliederung von Sussex festgelegt, doch der Kunstdünger ist auf dem Vormarsch wie der Stacheldraht, wenn der Trust nicht beide stoppt. Kiplings Haus von 1634 im Höhenzug des Weald besuchten wir nur im Vorüberfahren, sahen seine Bilder, seine

Bibliothek, den Nobelpreis und draußen den Rolls Royce von 1928, der damals inclusive Extras auf 2833 Pfund, 18 Shilling und Sixpence kam, ehe alles der Trust 1939 von seiner Witwe übernahm.

1897, in seinem dritten Jahr, erwarb der tüchtige Verein sein erstes Küstenstück, die Klippe Barras Nose in Cornwall. Heute steht die Küste über viele Meilen im silbern-grünen Zeichen des Eichenlaubs. Am 15. Mai 1965 hatte der Herzog von Edinburgh, der Ehemann der Königin, dazu die Kraftanstrengung »Enterprise Neptune« aus der Taufe gehoben, die sich dem Erhalt der unversehrten Küstenlinie verschrieb, und der gleichwohl nur einer von den vier Dutzend Spendenappellen gilt. Beim Wandern hatten wir auf Barras Nose die Verse auf der Bronzetafel oft genug gelesen: »Hard by was great / Tintagel's table Round / And there of old the / Flower of Arthur's Knights / made fair beginning of a nobler time«. Der Hinweis auf die nahe Burg von König Artus ist leicht auch auf den Trust zu münzen. Denn auch er verstand sich als der Anfang einer nobleren Epoche, sozusagen als Versöhnung von Großgrundbesitz und sozialistischer Bodenreform. Den »big-moneyed people« hatte Octavio Hill bereits früh ihre Gegnerschaft versichert; jetzt aber ging man daran, das Wohl der Allgemeinheit auf dem Wege des Privatbesitzes zu beflügeln: »Open air living rooms«, Wohnzimmer im Freien für die städtische Bevölkerung des Industriezeitalters: Das war das ursprüngliche Ziel der menschenfreundlichen Vereinigung.

1899 kam das erste Naturreservat an den Trust, 1934 das erste Dorf, West Wycombe in Buckinghamshire. Zum Jubiläum 1945 zählte der National Trust 7.850 Mitglieder, gut 45.000 Hektar Landbesitz und 93 historische Gebäude. Seither wuchs die Zahl der Mitglieder in Sprüngen, in den achtziger Jahren explodierte sie: die erste Million war 1981 überschritten, die zweite im Oktober 1990.

1931 war auch für Schottland ein National Trust

gegründet worden, und 1937 gab es neuen Auftrieb für die gute Sache durch den »National Trust Act«, der Besitzer, die ihr immobiles Eigentum samt Inhalt an den Trust vermachten, von der Erbschaftssteuer befreite. Zu Labourzeiten nach dem Krieg erreichte diese Spitzenwerte von neunzig Prozent und wurde so zum Schwungrad für das »Country House Scheme« des Vereins, der es Spendern und ihren Familien erlaubte, weiterhin in ihren Häusern zu leben und gleichzeitig Besucher zuzulassen.

In fünfzig Herrenhäusern des Trust leben heute noch die Stifter oder ihre Nachkommen in musealen Biotopen. Anders hätten auch die Herrensitze des Feudalzeitalters keine seriöse Zukunft in den Zeiten der Demokratie. Nur wenigen Vermögenden gelingt die Anstrengung, ihren Besitz zu behalten und ihn nicht mit populären Kinkerlitzchen auf den Strich zu schicken, Löwen im Park oder falschen Ritterspielen an den Wochenenden.

Petworth House kam 1947 in die Obhut des National Trust: »Wir haben es nie bereut«, bekennt Lord Egremont, der Sohn des Stifters. Petworth liegt nicht weit entfernt von Steyning und unserem Cottage, und Petworth House war schon zu Zeiten des Reisenden Daniel Defoe wie »mit den Ellenbogen an die Stadt gezwängt«. Es ist mit seiner großen Bilder- und Skulpturensammlung eines der Schatzhäuser der englischen Nation und einer der Schätze des National Trust. Hier hat William Turner gelebt und gemalt, und die Sammlung seiner Bilder, die größte diesseits der Museen, gehört dem Trust und seiner Lordschaft je zur Hälfte.

Dr. Diana Owen, die Verwalterin von Petworth, teilt sich mit dem Lord das Haus. Von ihr begleitet, folgten wir dem Weg der üblichen Visite durch die Prachtgemächer und das ganze Haus, doch morgens, wenn es noch verschlossen ist, die Fenster sacht verhängt, die Räume abgedunkelt. Und wir sahen auch die Nacht- und Schattenseite dieser einzigartigen

Besitzung. Mehrfach machte uns Diana aufmerksam auf unscheinbare Stellen an der Wand, kaum größer als ein Streifen Kaugummi, an denen die Jahrhunderte im freigelegten Wandanstrich erkennbar werden. Früher, sagt sie, hat man die Häuser nur wiederhergerichtet, vorzeigbar gemacht. Heute wird die Restaurierungskunst als Wissenschaft betrieben. »Turner ist uns dabei häufig eine große Hilfe«, sagte sie: Auf vielen seiner Aquarelle kann man die Räume sehen, wie sie zur Zeit seines Gönners, des dritten Earl of Egremont, ausgestattet waren. Häufig scheiden sich dann hier die Geister: Soll man die Räume historisch getreu restaurieren, oder soll man sie zum idealen Hintergrund für die Sammlung machen? Die Egremonts waren gewaltige Sammler, aber nicht immer Experten.

Erst vor ein paar Wochen hatte sie im Beauty Room mit den vielen großformatigen Porträts der Damen um Queen Anne ein Kuriosum aufgedeckt: 1826 wollte der dritte Earl in einer allgemeinen Napoleonbegeisterung des europäischen Adels Platz schaffen für einen Bonaparte-Raum im Haus und ließ die großformatigen Porträtleinwände kurzerhand verkleinern: »I do not want their petticoats«, so seine Anweisung damals. Als Diana Owen nun die Bilder erstmals aus den Rahmen nehmen ließ, sah man, daß sie nur in Kniehöhe gefaltet waren, nicht abgeschnitten. Das ganze Damenkränzchen aus dem späten 17. Jahrhundert war buchstäblich vor Bonaparte in die Knie gegangen.

Im neueröffneten Skulpturensaal, den Turner damals ganz in Weiß gehalten hatte, sahen wir einen typischen Kompromiß in der klassischen Frage: die Wände sind zwar rot, so bringen sie die Plastiken am besten zur Geltung, doch handelt es sich dabei immerhin um Turners Lieblingsfarbe. Die Eröffnung des Skulpturensaals im Sommer 1993 war Diana Owens erste Arbeit in Petworth. Es war wie ein Puzzle: Wenn man ein Bild anders hängen wollte, hatte man gleich fünfzig weitere umzuhängen. Am Ende, sagte sie, als die schweren Plastiken endlich alle richtig standen, ging der Restaurator mit einer Kiste voller Finger, Nasen, Ohren, die im Laufe der Jahrzehnte und Jahrhunderte sich angesammelt hatten, herum und prüfte, wo sie paßten. Dann standen die Figuren für Wochen bandagiert da wie in einem Marmorlazarett: »Und irgendwo«, verriet sie, »ist auch ein Finger falsch herum angeklebt worden.«

Die wertvollen Holzschnitzereien von Grinling Gibbons sind von Holzwurm und Verfall bedroht, und es gibt noch immer kein Verfahren, Lindenholz zu retten. Ungleich größer freilich sind die Schäden, die die kleinen Larven der Klopfkäfer in den Eichenbalken anrichten. Erst im Winter 1994 kam in einem Saal wieder ein Stück Decke herunter. Die alten Balken sind oft brüchig oder enden manchmal auch im Nirgendwo. Dann senken sich die Träger, an den Wänden gibt es Risse wie im Treppenhaus der Eingangshalle, und manchmal fällt nicht nur der Putz herab. Als der Trust den Landsitz 1947 übernahm, hatte er als erstes gleich das Dach zu decken, das schon lange nicht mehr dicht gewesen war.

Die gesamte Hauskapelle, der letzte Überrest des mittelalterlichen Hauses, fanden wir im Inneren mit verzinkten Rohren eingerüstet. Von hier aus wurde unser Weg durchs Haus zur Geisterbahn für Restauratoren: Vom Park des Landschaftsgärtners »Capability« Brown aus sieht das Haus wie eine Einheit aus, geschlossen, glattflächig und klar gegliedert. Jetzt aber stiegen wir durch lange Flure, über unbequeme Treppen, sahen Zimmerfluchten, die wie Hinterhofmansarden wirkten, später eingebaute ungemütliche Klosetts. Diana lachte, als wir sie nach der Zahl der Räume fragten: Das wisse weder sie noch Seine Lordschaft.

Dann sahen wir das Atelier von Turner, das hohe Zimmer über der Kapelle. Anfangs wollte man es eigentlich nur restaurieren, es war seit alten Zeiten vollgeräumt mit Hausrat und achteinhalbtausend Büchern. Aber als es leer war, mußte es der Architekt gleich wieder schließen. Jetzt fanden wir die Bodendielen hochgenommen und sahen nichts als zerfressene Balken. Ein wenig weiter leuchtete Diana uns in die Dachspitze hinein. Da standen von den Eichenbalken nichts als papierstarke Wände, die nur noch die Kontur der alten Balken wahrten. »Manchmal hoovert man die einfach weg«, sagte sie und macht mit ergebenem Lächeln das schlürfende Geräusch des Staubsaugers nach, mit dem ein Balkenstück von einst im Rohr verschwindet.

Der Staubsauger, der alles schluckt: Er wäre auch ein Sinnbild für die Ausgaben von jährlich 180 Millionen Pfund. Soviel Geld will erst einmal verdient sein: Die Eintrittsgelder machen heute nicht einmal fünf Prozent der Einnahmen aus. Hinzu kommen die Mitgliedsbeiträge mit 55,7 Millionen Pfund oder dreißig Prozent. Mieteinnahmen aus den Cottages und Pachterträge der 1200 Farmbetriebe sichern weitere zehn Prozent, in die Millionen gehen Spenden und staatliche Zuwendungen. In 136 Restaurants und Tea-Rooms des National Trust wird ein wenig dazuverdient, auch in den 128 Shops mit Souvenirs, Pullovern, Büchern, Tee und hausgemachter Marmelade.

Manchmal, erzählte uns Diana, werden wir gefragt, ob wir nicht das eine oder andere Stück verkaufen wollten. Vieles ließe sich wohl tatsächlich ohne schlechtes Gewissen zu Geld machen. Doch dagegen steht seit 1907 ein Gesetz, das jeglichen Besitz des Trust für unveräußerlich, »inalienable«, erklärt. Das schützt auch vor Begehrlichkeiten der Regierung oder der Armee, hilft gegen Straßenbauten und Manöverpläne, aber es verringert auch die Wendigkeit des Clubs der guten Absicht.

Petworth an der Kreuzung zweier Durchgangsstraßen ächzt seit Jahren unter der Belastung des Verkehrs. Eine By-pass-Road mitten durch den Park ist vom National Trust ebenso verhindert worden wie ein vierspuriger Ausbau bis an den Park heran, der dann mit einem kurzen Tunnel unterfahren werden sollte. Jetzt wird ein langer Tunnel diskutiert.

Durch einen anderen Tunnel brachte Diana Owen uns zuletzt an ihre jüngste Arbeit: die alte Küche im Dienstbotenbau. Bis in den Zweiten Weltkrieg wurde hier gekocht, dann wurden Kinder aus London hier untergebracht, und die Küche überließ man sich selbst. Als Diana Owen sie sich erstmals wieder vornahm, stand in den Boilern noch das Wasser, und in den Öfen wartete die Asche auf den Besen. 1994 war dann der Dornröschenschlaf vorüber. Entgegen der üblichen Maxime des National Trust, nur zu zeigen, was perfekt ist, öffnete sie die Küche vor der Restaurierung. Es wurde ein großer Erfolg. »Eine Küche hat jeder zu Hause«, sagt sie. »Doch wer hat schon eine Bildergalerie?«

Kritiker in England haben dem National Trust zum jüngsten Jubiläum in die Suppe spucken wollen und haben angemerkt, er saniere die Häuser zu Tode und schminke schöne Leichen. Wie »glacierte Hochzeitstorten« sähen viele Häuser aus, zum Beispiel Uppark House, das 1989 völlig ausbrannte und pünktlich zum Centenary, für zwanzig Millionen Pfund wiederaufgebaut, in neuem altem Glanz erstrahlte.

Die Besucherzahlen freilich zeigen, daß hier keineswegs am Bevölkerungsgeschmack vorbei geplant wird: 137 seiner Besitzungen hatten 1993 mehr als zwanzigtausend zahlende Besucher, zehn Millionen kamen insgesamt. In manchen Häusern wie in Churchills Chartwell oder im Garten von Sissinghurst Castle von Vita Sackville-West werden Eintrittstickets nur mit Uhrzeit der Visite ausgegeben. Auf Veränderungen im Bewußtsein reagiert der Trust sogar flexibel, wie die Küche von Petworth beweist: Nicht nur die Kunstgeschichte, sondern auch die Sozialgeschichte stellt man heute aus. »Noch vor zwölf Jahren«, sagt Diana Owen, »hat man im Küchenbau den alten Speisesaal der höheren Bediensteten in einen Shop verwandelt. Heute würde man das nicht mehr tun.« Und es gibt sogar schon Pläne, den Umbau wieder rückgängig zu machen.

Auch das Heer der vielen Helfer ist ein Plus, das Kritiker verstummen lassen könnte. Zwanzig Damen putzten einen Winter lang in Petworth die schwarzen Kupferbehälter der Küche: freiwillig natürlich. Mehr als 38.000 freiwillige Helfer hat der Trust, sie arbeiten Jahr für Jahr rund eine Million Stunden ehrenamtlich für den Trust: das größte Freiwilligenheer Europas, wie man in der Zentrale gerne betont. Sie achten auf die Räume oder führen Besucher herum, gärtnern, schreiben Briefe oder fotografieren die Schätze des National Trust. Manche kommen selten, stundenweise, andere sind öfter da. 17 sind das Minimum für Petworth; wenn dann doch mal einer überraschend absagt, bleibt schon mal ein Raum geschlossen für Besucher.

Die Summe aller hauptamtlichen Mitarbeiter kommt nicht einmal auf ein Zehntel dieser Zahl: 3500. Nur ein Prozent der Einnahmen, so wird betont, fließt in die Verwaltung des National Trust. »Fast alle Behörden arbeiten mit hohen Kosten«: Auch diese Einsicht ist nun hundert Jahre alt. Sie stammt von Octavia Hill.

Eine aus dem Heer der vielen Helfer machte sich uns namentlich bekannt: Mrs. Jupp in Steyning. Sie hatte schon die Öfen aufgedreht, bevor wir kamen; sie hatte Blumen in einer Vase arrangiert und in den Kühlschrank eine Flasche Milch gestellt: »on behalf of the National Trust«, wie es hieß.

Auch unser Saxon Cottage war ein Haus wie viele, Petworth House in manchem zu vergleichen, nur nicht nach den Kosten: Die letzte Eigentümerin war eine Mrs. Fellowes, die Witwe eines Polizisten. Sie hatte noch die Küche bauen lassen mit einer Tür zum Garten hin. Als sie 1978 starb, hinterließ sie ihr Häuschen dem National Trust mit der Auflage, daß ihre Haushälterin, Miss Gilham, dort bis zu ihrem Tod leben dürfe. Eine Zeitlang kam das Cottage später ans Museum, aber dafür war es doch zu eng. Seit 1992 kann man es nun wochenweise mieten.

Als unser Aufenthalt vorüber war, brachten wir Mrs. Jupp den Schlüssel zurück. Im Sommerhalbjahr liegt er dann im Schuppen im Garten bereit, und diesmal nicht unter der Matte, sondern rechter Hand auf dem Regal, unter einem Paar von gelben Handschuhen: So steht es schriftlich im Kontrakt. Gerne und aus vollem Herzen hätten wir uns im Gästebuch verewigt mit dem Satz: »Many thanks to the National Trust for providing, yet again, an unusual and well preserved cottage.«

Aber damit war uns jemand schon zuvorgekommen.

Nachsatz

»God save the village green.«
The Kinks

Begonnen hatte es mit einem Buch. Es handelte vom Wandern, hieß »Englands Süden« und erschien zu Pfingsten 1991. Damit aber war das Thema nicht für mich erledigt. Im Gegenteil: Ich wollte es nun nicht mehr lassen und setzte die Rechercheresien fort. Wie ich anfangs lange glaubte: Für ein zweites Buch über Südengland. Dann mußte ich erfahren, daß ich mich regelmäßig viel zu tief ins Thema eingegraben hatte, noch immer sammelte, wo längst gestrichen werden mußte. So gab ich das Buch wieder auf und schreib fortan, ohne zu streichen: Reisefeuilletons und Reportagen für eine Reihe von Tageszeitungen. Und irgendwann kam die Idee, daraus nun doch ein Buch zu machen.

Die hier vorgelegten Texte sind, mit Ausnahmen des ersten, alle in den letzten Jahren für das Reiseblatt der *Frankfurter Allgemeinen Zeitung* geschrieben worden und dort erschienen. Sie sind für diese Buchausgabe leicht überarbeitet worden. In allen Fällen sind diese Eingriffe derart geringfügig, daß sie stillschweigend übergangen werden können. Einzig der Aufsatz über den National Trust, geschrieben zu dessen Hundertjahrfeier im Jahre 1995, erscheint hier erheblich verändert: Erweitert gegenüber seinem Erstdruck und in seinen Zahlen aktualisiert (Stand: April 2000).

Die kleine Erzählung, die hier »Prolog« genannt ist, weicht, wie es scheint, vom Muster der anderen ab, als habe sie die Grenze von der Reisegeschichte zur »erfundenen Literatur« – ich habe keinen anderen Begriff für »fiction« – deutlich hinter sich gelassen. Sie ist denn auch in keinem »Reiseblatt« und Reiseteil erschienen, sondern in den Wochenendbeilagen einiger größerer Zeitungen, und bildet nunmehr den Prolog. Dabei ist sie »wahrer«, nämlich wirklicher, tatsächlicher als alle anderen: Alles, was hier zu berichten war, ist in knapp begrenzten zwei, drei Stunden so verlaufen, wie ich es geschrieben habe: von der hübschen Leiche bis zum Kuß am Schluß. Es gibt genügend Zeugen. Und sie leben noch. Es mußte alles nur noch aufgeschrieben werden. Und doch berühren sich in diesem Punkt für mich aufs engste Reiseliteratur und die erfundene, »andere« Literatur.